Berührt von der geistigen Welt

Warum Jenseitskontakte Heilung, Trost
und Zuversicht schenken können

ULRIKE ESCHBAUMER

# BERÜHRT VON DER GEISTIGEN WELT

Warum Jenseitskontakte Heilung,
Trost und Zuversicht schenken können

Bibliografische Information der Deutschen Nationalbibliothek
Die Deutsche Nationalbibliothek verzeichnet diese Publikation in der Deutschen Nationalbibliografie; detaillierte bibliografische Daten sind im Internet über http://dnb.d-nb.de abrufbar.

Die automatisierte Analyse des Werkes, um daraus Informationen insbesondere über Muster, Trends und Korrelationen gemäß §44b UrhG (»Text und Data Mining«) zu gewinnen, ist untersagt.



Satz, Umschlaggestaltung und Verlag: BoD · Books on Demand GmbH, In de Tarpen 42, 22848 Norderstedt
Druck: Libri Plureos GmbH, Friedensallee 273, 22763 Hamburg

ISBN 978-3-7597-2771-8

# INHALT

# DANKBARKEIT

Dieses Buch widme ich meinem Vater Siegfried, der mir aufschlussreiche und unvergessliche Einblicke in die geistige Welt geschenkt hat, die meine Sicht zum Leben und zum Tod grundlegend verändert haben.

Meiner Mutter Margot danke ich für die Ermutigung, aus meiner übersinnlichen Gabe etwas zum Wohle vieler Menschen »zu machen«. Dankbarkeit erfüllt mich gegenüber meiner Schwester Sabine, die mich in meinen Übungsfrequenzen mit der geistigen Welt unterstützt, sowie gegenüber meiner gesamten Ahnenfamilie, die mir bei jeder medialen Arbeit begleitend zur Seite steht.

Auf Erden möchte ich meinen Söhnen Antonio und Adrian danken, die ich mit meinen magischen Wahrnehmungen sicherlich manchmal überfordert habe, die aber immer mit eirem Augenzwinkern zu mir standen, sowie meinem Herzenspartner Stefan, der mich zu diesem Buch ermutigt und liebevoll unterstützt hat. Mein Dank gilt auch meiner lieben Freundin Claudia, die mir die Tür für meine mediale Entwicklung im Arthur Findlay College geöffnet hat.

Meiner Freundin und Kollegin Helke, die das wunderbare Vorwort geschrieben hat, Sonja, meiner Lotsin durch den Schreibfluss, und meinen lieben Spirit-Freunden, die sich so sehr mit mir auf die Veröffentlichung dieses Buches gefreut haben, bin ich dankbar.

Jenseitskontakte können Heilung schenken – so ist es im Untertitel dieses Buches formuliert. In der Medizin wird Heilung als Wiederherstellung der Gesundheit unter Erreichen des Ausgangszustandes durch den Körper definiert. Um aber ganzheitliche Gesundheit zu erlangen, reicht es nicht aus, vornehmlich unseren Körper zu betrachten. Ganzheitliche Gesundheit bedeutet, dass wir uns um alle Aspekte unseres Wohlbefindens kümmern: die körperlichen, emotionalen, sozialen, intellektuellen und spirituellen – und sie alle in eine Balance bringen.

Durch den Tod eines Menschen oder Tieres gehen Hinterbliebene durch persönliche, lebensverändernde Krisen. Sich im Trauerprozess therapeutisch begleiten zu lassen, ist immer eine gute Möglichkeit, professionelle Unterstützung zu erhalten. Aber manchmal liegt ein entscheidendes Puzzlesteinchen zur Heilung seelischer Wunden nicht im Diesseits, sondern im Jenseits. In einem Jenseitskontakt mithilfe eines so sensibel-liebevollen, achtsamen und seriösen Mediums wie Ulrike Eschbaumer erlebt der sogenannte »Sitter« (der Hinterbliebene), dass der physisch Verstorbene in einer anderen Welt weiterlebt. Persönliche Fragen wie auch zu Lebzeiten Unausgesprochenes können so mit dem Verstorbenen geklärt werden. Die Botschaften, die der Sitter aus der geistigen Welt erhält, spenden Trost und Hoffnung, sie machen Mut auf das Leben und dienen so als wertvoller

Impuls, emotionale Heilung bei den Hinterbliebenen ermöglichen zu können. Heilsam ist ein Jenseitskontakt dabei für beide Seiten – auch für die Verstorbenen. Denn Gedanken und Gefühle wie etwa: Hätten wir das doch nur noch besprechen können ..., hätte ich das doch nur noch sagen können ..., beschäftigen Diesseitige und Jenseitige und können in einem Kontakt geklärt werden.

Helke Brandt
Holistische Kommunikation mit Tieren | Energieheilung und Systemische Aufstellungen mit Menschen und Tieren, Buchautorin, www.helke-brandt.com

## Mit Freude im Herzen begleite ich Dich

Auch wenn wir uns vielleicht nicht persönlich kennen und daher ein »Sie« vielleicht angebrachter wäre, teile ich mit Dir in diesem Buch so vertrauensvolle und berührende Herzensangelegenheiten, dass mir ein verbundenes, liebevolles und achtsames »Du« sehr gut gefällt. Es wird auch mal ein »Lieber Leser« vorkommen. Bitte, liebe Leserinnen und liebe Leser, die sich keinem Geschlecht zugehörig fühlen, ihr seid damit genauso wertschätzend und respektvoll angesprochen. Es liest sich einfach geschmeidiger, wenn keine Schrägstriche oder Sternchen erscheinen. Fachbegriffe sind in **fett** gedruckt und ab Seite 82 ausführlich erklärt.

Ich möchte Dich in diesem Buch, anhand von ergreifenden Jenseitskontakten liebevoll auf Seelenebene berühren und aufzeigen, wie viel Heilung und Trost dadurch geschehen kann. Vielleicht gelingt es mir auch, Deine Neugier auf Deine Spirits und Dein geistiges Team zu wecken, sodass Du selbst lernen möchtest, mit der geistigen Welt zu kommunizieren bzw. das, was du ohnehin vielleicht unbewusst machst, bewusster zu kanalisieren. Diese medialen Fähigkeiten schlummern auch in Dir und möglicherweise zeigen sie sich, während Du Dich mit diesem Buch beschäftigst, schon viel deutlicher.

All` meine Erlebnisse mit dem Jenseits sind meine persönlichen Wahrnehmungen, so wie sie mir gezeigt wurden und ich sie dankbar empfangen durfte. Und nur davon kann ich aufrichtig mit Freude und Respekt der geistigen Welt gegenüber berichten.

Viel Freude beim Eintauchen!

# WIE ALLES BEGANN

## Entdeckung des spirituellen Bewusstseins

Ungefähr einen Monat, nachdem mein Vater unerwartet und sehr plötzlich verstarb, hatte ich in einer kühlen Februarnacht im Jahr 1999 ein ergreifendes und übersinnliches Erlebnis, das mir Einblicke in eine für mich bisher nur vage vorstellbare Welt ermöglichte. In dieser Nacht wurde meine Seele für einen kurzen Besuch »nach Hause« in die geistige Welt eingeladen, um mich von meinem Vater verabschieden zu dürfen und mein Herz für die Quelle der Liebe zu öffnen.

## Doch beginnen wir am Anfang

In dieser besagten Nacht spürte ich, vorerst wie in einem Traum, wie mein Körper Richtung Himmel »gezogen« wurde. Ich konnte noch nicht genau differenzieren, ob es allein mein Körper war, oder auch meine Seele oder mein ganzes Sein. Das Gefühl glich einer Fahrt im Aufzug auf einen schwindelerregend hohen Turm, ohne in der Lage zu sein, das Abenteuer zu stoppen. Ich wurde geführt, unaufhaltsam ging es gefühlt wie durch verschiedene Ebenen und Schwingungen. Ich fühlte meinen Körper immer leichter werden, und zugleich befand ich mich wie in einer höheren Dimension. Ich nahm meine damals noch kleinen Kinder wahr, die im Garten spielten. Und während ich auf meiner unaufhaltsamen Reise ins Ungewisse war, spürte ich, dass sie mich gar nicht vermissten. Ich schloss daraus, dass ich also körperlich für meine Kinder noch anwesend sein musste. Das entspannte mich als liebende Mutter sehr, und ich wusste nun sicher, dass meinen Ausflug »nach oben«, wohin auch immer die Reise gehen sollte, außer mir niemand wahrnahm. Das war eine außerkörperliche Reise.

Je weiter ich reiste, desto heller und lichtvoller wurde es um mich herum. Es umgab mich eine wohltuende Stille, und ich spürte eine bisher noch nie erlebte tiefe und innige Liebe in meinem Herzen, nicht zu vergleichen mit irdischen Liebesgefühlen. Ein Gefühl der puren Reinheit und Schönheit, dem Göttlichen ganz nah.

Inmitten dieses strahlenden Lichtes und der friedvollen Atmosphäre erschien mir mein Vater. Er zeigte sich mir wahrhaftig und prachtvoll, wie ein Heiliger in einem fließenden, weißen Gewand. Seine hellblauen Augen glichen zwei funkelnden Edelsteinen, sein Blick war intensiv und sanftmütig zugleich. Ich habe meinen Vater noch nie so gesund, zufrieden und ausgeglichen gesehen. Er nahm liebevoll meine rechte Hand und sprach: »*Ich habe Dich geholt, damit Du siehst, dass es mir gut geht, bitte grüße alle von mir.*« Ich war sprachlos und wollte ihn umarmen, bei ihm bleiben und ihm Fragen stellen. Er hielt jedoch nur meine Hand, ließ mich nicht näherkommen, und sagte: »*Mein Schatz, Du musst jetzt wieder runter auf die Erde gehen, Deine Kinder brauchen Dich, Du kannst noch nicht bleiben, Deine Zeit ist noch nicht gekommen.«* Ich wollte diesen Ort, der mich die allumfassende Liebe, die Reinheit, die Vollkommenheit, spüren ließ, nie mehr verlassen. Mein Vater las meine Gedanken, spürte mein Drängen, lächelte mich aus seinem tiefsten Herzen an und ließ meine Hand, die mittlerweile rot glühte, los und verschwand.

Das war für mich zu diesem Zeitpunkt unverständlich, dass ich nicht bei meinem Vater bleiben durfte und er mich »nur« mit einer Botschaft auf die Erde »zurückschickte«. Heute sehe ich das mit anderen Augen. Mit meinen geöffneten Augen als Botschafterin für die geistige Welt und mit meinem geöffneten Herzen. Nach meiner Rückkehr ins Irdische erwachte ich sehr aufgelöst und weckte meinen damaligen Lebensgefährten, um ihm von meiner soeben erlebten Begegnung mit meinem Vater zu erzählen. Als er mich auf meine rotglühende rechte Hand aufmerksam machte, wusste ich, dass war kein Traum, sondern ein Ereignis von besonderer Bedeutung.

Ich danke meinem Vater von Herzen für dieses wunderbare Erlebnis, was mein weiteres Leben mit vielen Geschenken aus der geistigen Welt noch facettenreicher ausfüllte, als jemals gedacht, und dies weiterhin tut. Und diese Geschenke möchte ich mit Dir, lieber Leser, teilen.

Vorab noch einige Zeilen, wie es überhaupt zu diesen göttlichen Gaben und diesem Buch kam.

Nach dieser nächtlichen Begegnung im Februar ging es dann mit den übersinnlichen Ereignissen mit meinem Vater recht zügig weiter. Wenn ich mit meiner Mutter telefonierte, blieb regelmäßig ihre Standuhr stehen oder die Wohnzimmerlampe begann plötzlich zu flackern, während wir seine Lieblingssendung schauten. Seine Zeichen aus der geistigen Welt machten meiner Mutter und mir viel Freude und minderten unsere Trauer und unseren Schmerz von seinem plötzlichen Tod in viel zu jungen Jahren. An einem Tag im August bekam ich von meinem Vater in der geistigen Welt einen ganz besonderen Auftrag: »*Mein Schatz, bitte besorge Deiner Mama einen Korb mit bunten Blumen von mir und achte darauf, dass sie ihre Beine auch mal hochlegt.*« Diese Botschaft kam genau zu ihrem gemeinsamen Hochzeitstag, dieses Datum wusste ich allerdings nicht. Meine Mutter war außer sich vor Freude und nahm den Rat meines Vaters gerne an, da ihre Beine zu dieser Zeit sehr schmerzten und sie sich im Alltag kaum Zeit für sich gönnte. Die Verbindung zu meinem Vater im Jenseits war Trost spendend und heilsam für die gesamte Familie.

Einige Jahre vergingen. Ich bewältigte herausfordernde Lebenssituationen und lernte in dieser Zeit meinen ersten bewusst wahrgenommenen **Geistführer** kennen. Damals war mir das Wort »Geistführer« noch gar nicht geläufig. In einer für mich ausweglosen Situation erschien mir aus dem Nichts vor meinem **inneren Auge** plötzlich ein alter Mann. Er trug einen langen grauen Bart und war in ein hellblaues Gewand gehüllt, das mit goldenen Nähten verziert war. Gütig und sanftmütig lächelte er mich an, und mir wurde es ganz warm ums Herz. Bei diesem Anblick verwandelten sich meine Anspannung, Angst und Hoffnungslosigkeit in Gelassenheit, Zuversicht und tiefes Vertrauen. Er sprach kein Wort mit mir; seine lichtvolle Anwesenheit allein war für mich heilsam genug. Zu meiner Verwunderung war sie in diesem Moment so real und unspektakulär, dass sie sich parallel zu meinen irdischen Wahrnehmungen zeigte. Ich war und bin bis heute diesem wohltuenden Beistand aus der geistigen Welt sehr dankbar.

Meine Mutter, die in dieser Zeit meine »spirituell Verbündete« war, riet mir, ich solle meine **übersinnlichen Fähigkeiten** zum Wohle vieler Menschen einsetzen. Und sie erzählte mir, dass meine Großmutter, die mir als Schutzengel zur Seite steht, hellsichtig gewesen sei und ich dadurch einen guten Zugang zu der geistigen Welt habe, da ich diese Gabe geerbt habe. Ich bin überzeugt, dass jeder Mensch dieses Talent in sich trägt; unsere **Hellsinne** dürfen erweckt und geschult werden. **Mediale Fähigkeiten** sind trainierbar. Das erlebe ich regelmäßig bei meinen Seminarteilnehmern.

Noch einmal kurz zurück. Diese Erfahrung mit meinem Geistführer weckte nun mein gesamtes Interesse an der geistigen Welt und ließ mich nicht mehr los. Ich spürte auch meine persönliche Veränderung, dachte über meine Bestimmung im Leben nach, ob ich noch am richtigen Ort lebte, oder in der richtigen Beziehung, und wer eigentlich meine wahren Freunde waren. Mit diesen Themen im

Hinterkopf begegnete ich auf einer Party meiner lieben Freundin Claudia. die mir an diesem Abend erstmalig vom **Arthur Findlay College** erzählte, obwohl wir uns schon etliche Jahre kannten. Sie besucht seit dem Tod ihrer Mutter dieses College regelmäßig und hatte bereits ein Seminar für dieses Jahr gebucht. Sie schlug vor, ich solle doch einfach mitkommen. Noch an diesem Abend buchte ich meinen ersten Aufenthalt in Stansted, wenige Kilometer von London entfernt, und meine spirituelle Reise intensivierte sich; mein Kanal wurde weiter geöffnet.

Gleich bei meinem ersten Aufenthalt im Arthur Findlay College im Jahr 2007 übermittelte mir ein **Medium** die Botschaft, ich möge doch ein Buch über meine Erlebnisse mit der geistigen Welt schreiben. Damals habe ich dieses Projekt für mich noch nicht für möglich gehalten. Als ich Jahre später nochmals die gleiche Botschaft erhielt, war es für mich gar nicht mehr so abwegig. Und heute hältst Du, lieber Leser, dieses Buch in den Händen. Wie wundervoll!

Jetzt geht es gleich weiter mit vielen wertvollen Geschenken, die aus Botschaften, Heilung, Trost, Zuversicht, Liebeserklärungen und Inspirationen aus der geistigen Welt bestehen.

# PRÜFUNG DER GEISTIGEN WELT

*»Ich öffne mein Herz und vertraue«*

Gerne möchte ich Dir als Einstieg von meinem ersten öffentlichen **Jenseitskontakt** erzählen, den ich im Nachhinein so betrachte, dass mich die geistige Welt geprüft hat, ob ich ihr auch wirklich vertraue.

Mein erster Klient in meiner neu eröffneten Praxis war ein sehr wortkarger, introvertierter älterer Herr. Sein Gesicht war vom Leben geprägt, ich spürte seine Verbitterung und seinen großen Leidensdruck. Euphorisch und voller Tatendrang war ich mir sicher, dass der Jenseitskontakt durch meinen **Kanal** für ihn tröstlich sein würde und er Linderung erfahren dürfte. In meiner Vorfreude, meine medialen Fähigkeiten endlich offiziell unter Beweis stellen zu können, ging ich wie erlernt in einen leicht veränderten **Bewusstseinszustand** und stimmte mich auf die geistige Welt und meinen Klienten ein. Ich setzte meine **Absicht**: *»Es möge sich mir eine Seele zeigen, die mein Klient aus der irdischen Welt kennt und die sich mit ihm auf Seelenebene verbinden möchte.«* Es tat sich nichts, rein gar nichts, es zeigte sich mir einfach keine Person, nicht einmal eine Seele, die nichts mit dem Mann zu tun hatte. Und das kommt sehr selten vor, da die Seelen gerne die Gelegenheit nutzen, mit der irdischen Welt zu kommunizieren. Ich wurde nervös und unsicher. Ich spürte auch den Unmut meines kritischen Klienten mir gegenüber, was die Situation für mich natürlich enorm verschlimmerte. Es verstrich einige Zeit, und meine Fähigkeit, Jenseitskontakte herzustellen, schien plötzlich verschwunden zu sein. Als dann vor meinem inneren Auge plötzlich auch noch ein Hund erschien, kamen mir sofort folgende Sätze in den Sinn, die parallel abliefen: »*Wie konntest Du es nur wagen, eine Anzeige in die Zeitung setzten und Dich als Medium präsentieren, was bildest Du Dir eigentlich ein?!*« Ich ließ nichts aus, mich und das, was ich tat, grundsätzlich infrage zu stellen. Und trotzdem, irgendein Teil in mir bewahrte völlig die Ruhe. Ich lehnte mich dann bewusst und entspannt in meinen Sessel zurück und erzählte dem Mann, der ungeduldig auf Informationen wartete, dass ich einen Hund wahrnahm. Von ihm kam keinerlei Reaktion. Kein »*Ja*«, kein »*Nein*«, einfach Stille. Auf einmal dachte ich mir etwas trotzig: »*Okay, jetzt ist es eh schon passiert, ich kann nichts mehr verlieren, morgen ändere ich wieder meine Website und alles wird wie vorher.*«

Also erzählte ich meinem Gegenüber alles, was ich sah und wahrnahm. Ich fing an, den süßen und strubbeligen Hund zu beschreiben: sein Aussehen, seine Größe, seine Fellfarbe, wie er auf einem grünen, rustikalen Leinenkissen lag und einen Tannenzapfen für sein Herrchen im Maul hielt, dass er sich für seine bedingungslose Liebe und Zuneigung bedankte, für seine großen Spaziergänge im Wald, für seine manchmal etwas ruppigen Streicheleinheiten und heimlichen »Leckerlis« vom Tisch.

Es war auf einmal so viel Liebe und Seelenverbundenheit im Raum, was mich sehr berührte und ermutigte, einfach weiter in dieser wunderbaren Energie zu bleiben. Trotz der Tränen, die dem älteren Mann nun übers Gesicht liefen, konnte ich eine Erleichterung und Entspannung in seinen Gesichtszügen wahrnehmen. Er lächelte mich dankbar an, griff in seinen Rucksack und holte ein großes gerahmtes Bild hervor, auf dem genau der von mir soeben beschriebene Hund abgebildet war. Sein kürzlich verstorbener Liebling war sein Ein und Alles, der ihm näherstand als jeder Mensch auf Erden. Er war mir so dankbar, dass ich ihm zeigen konnte, dass sein geliebter Hund, obwohl er in der geistigen Welt war, mit ihm weiterhin auf Seelenebene verbunden blieb. Wir wurden beide mit diesem Kontakt sehr beschenkt: Er mit der liebevollen Verbundenheit zu seinem Haustier, und mir wurde gezeigt, dass ich vertrauen darf! Und dass genau das Richtige in der momentanen Situation auf mich und meinen Klienten zukommt, auch wenn es manchmal anders kommt als erwartet. Seit diesem Erlebnis halte ich mich an meine Affirmation: *»Ich öffne mein Herz und vertraue.«* Ich vertraue mir und der geistigen Welt.

## Orientierungshilfe für den Hinterbliebenen

Dieser Jenseitskontakt war eher pragmatischer Natur und hielt einige praktische Tipps für den Ehemann bereit.

*»Eigentlich glaube ich nicht an solche Dinge, aber ›irgendwas‹« trieb mich förmlich zu Ihnen«*, mit diesen Worten buchte ein Herr mittleren Alters einen Termin bei mir, um mit seiner Frau Kontakt aufzunehmen. Seine geliebte junge Ehefrau war vor Kurzem sehr plötzlich verstorben. Er vermisste seine Frau so sehr und hatte das Gefühl, zu vereinsamen, obwohl er doch ein lebenslustiger, geselliger und attraktiver Mann gewesen war, bemerkte er beiläufig.

Ich ließ ihn, nach seiner Ankunft in meiner Praxis, mir gegenüber Platz nehmen, schenkte ihm duftenden Tee ein und nahm erst einmal sanft seine Hände, um ihn etwas zu beruhigen. Der liebenswerte Mann zeigte sich auf den ersten Blick sehr gefasst, dennoch fühlte ich seine Aufregung und Hilflosigkeit ohne seine Liebste an seiner Seite.

Nachdem ich mich mit der geistigen Welt verbunden hatte, zeigte sich seine Frau sehr schnell vor meinem inneren Auge, strukturiert und mit all` ihren Charaktereigenschaften und Vorlieben. Sie schien mir eine sehr selbstbewusste Person zu sein, die wusste, was sie wollte. Der Kontakt zu ihr war sehr präsent, klar und unmissverständlich. Ihr Ehemann bestätigte mir zu 100 %, dass es sich eindeutig um seine Frau handelte. Wunderbar, die **Beweisführung**, die in meiner erlernten Vorgehensweise des englischen **Spiritualismus** essenziell ist, war vollbracht. Nun bat ich um Botschaften, die sie mir anhand von Bildern oder Symbolen für ihren Mann übermitteln möge. Und prompt ging es los. Ich bekam konkrete Bilder – denn meine Stärke ist das **Hellsehen** und **Hellfühlen**. Vor meinem inneren Auge stapelten sich unzählige Marmeladengläser. In allen Größen und Farben, ein buntes Sammelsurium. Als ich bei meinem Klienten, der sich nun etwas entspannt hatte, nachfragte, ob er etwas mit diesen Bildern anfangen könne, fing er herzhaft an zu lachen und entschuldigte sich umgehend bei seiner Frau, dass er, seit sie verstorben war, kein einziges Marmeladenglas angerührt habe. Er war sogar jeden Tag außerhalb zum Frühstücken gegangen, da er nicht allein ohne seine Frau im Esszimmer sitzen wollte. Seine Frau hatte leidenschaftlich gerne saisonale Früchte zu Marmelade verschiedenster Sorten eingekocht, die Speisekammer war gefüllt mit all diesen Köstlichkeiten. Ihr war das Frühstück mit ihrem Mann sehr wichtig gewesen, sie aßen immer gemeinsam Marmelade zum Frühstück, daher zeigte sie mir diese Bilder. Überrascht und sichtlich amüsiert sprach ihr Mann zu mir: *»Das konnten Sie ja nun wirklich nicht wissen, wahrscheinlich ist doch was Wahres an den Jenseitskontakten dran?!«.* Ich lächelte ihn an und fühlte die heilende Energie, die uns beide umgab.

Seine Frau zeigte mir noch mehr Bilder. Ich sah vor meinem inneren Auge einen unbelebten, kühlen Raum im Haus.

Unbewohnt, ungemütlich, aber sehr hell, lichtdurchflutet und mit einer mir noch unbekannten wichtigen Bedeutung. Als ich ihn darauf ansprach, lachte er erneut und schüttelte ungläubig den Kopf. *»Das gibt es doch gar nicht«*, prustete er heraus. *»Das ist unser neu gebauter Wintergarten, den wir als Fitnessraum nutzen wollten.«* Kurz bevor seine Frau verstorben war, hatten sie ihr gemeinsames Projekt zu Ende gebracht, ein gemeinsamer Raum mit viel Licht, umgeben von energiespendender Natur. Er hatte sich seit dem Tod seiner Frau nicht ein einziges Mal in diesen Raum gesetzt, geschweige darin Hanteln gestemmt. Und nun kam seine Frau sehr energisch, jedoch liebevoll auf ihn zu und sprach deutliche Worte zu ihm, er möge bitte wieder ihre Marmelade zum Frühstück genießen, wer solle sie denn sonst essen. Und weiterhin sollte ich ausrichten, dass sie es gar nicht gut fand, dass er den Wintergarten nicht benutzte. Und ich diente als Vermittlerin dieser lebhaften Kommunikation, als Kanal der Botschaften aus dem Jenseits. Er fragte seine Frau, wie er den Garten gestalten sollte, welche Blumen er dafür benötigte und weitere, für ihn wichtige Details. Sie beantwortete all seine Fragen, die ich anhand ihrer gesendeten Bilder und Symbole übersetzte. Ich sah den blühenden, bepflanzten Garten sowie seine Einkaufsliste. Sie riet ihm auch, sich nicht weiter zu verschließen und auch mal wieder zu den Nachbarn zu gehen. Tatsächlich hatte er die Nachbarn gemieden, um dem Thema des Todesfalles und seiner Trauer aus dem Weg zu gehen. Es war ein sehr temperamentvoller Austausch inmitten der feinen Schwingungen der geistigen und der irdischen Welt. Die beiden klärten alle weiteren haustechnischen und familiären Vorgehensweisen und haben sich in tiefer Liebe füreinander verabschiedet. Der erst noch skeptische Mann, der an der Eindeutigkeit von Jenseitskontakten gezweifelt hatte, war nun sehr glücklich und wusste wieder seinen Weg zu gehen, den er seit dem Heimgehen seiner Frau vorerst verloren hatte. Seine Augen leuchteten, sein Gesicht wirkte plötzlich um Jahre jünger und sein Gang war schwungvoll und aufrecht. So ein Geschenk!

## Liebevolle Begleitung, ein Leben lang

Eine junge, liebenswerte Frau besuchte mich für einen gebuchten Jenseitskontakt in meiner Praxis. Sie hatte insgeheim einen konkreten Wunsch, mit wem sie kommunizieren wollte. Mir gegenüber äußerte sie das nicht. Sie ließ es sich offen und war sehr erwartungsvoll, wer mit ihr in Kontakt treten würde. Ich war natürlich auch gespannt und in großer Vorfreude, wer mich aus dem Jenseits als Medium auswählen würde. Ich legte los wie immer, und schon wenige Minuten nach der Einstimmung auf die geistige Welt überkamen mich sehr unangenehme Gefühle. Mir wurde total schwindelig und ich spürte, wie mir die Luft »wegblieb«. Vor meinem inneren Auge sah ich einen jungen Männerkörper unter Wasser nach Luft ringen und schließlich bewusstlos werden. Anschließend trieb der Körper leblos unter Wasser. Ein entsetzlicher Anblick.

Keine Sorge, lieber Leser, ich habe gelernt, welche körperlichen Symptome meine eigenen sind und welche zum Hellfühlen gehören. Diese Sitzungen werden nicht von den von mir empfundenen Emotionen beeinträchtigt; im Gegenteil, sie entfalten sich dann besonders intensiv und prägnant. Natürlich sind nicht immer alle von den Seelen übermittelten Bilder erfreulich, jedoch dienen sie der absolut klaren Beweisführung.

Mit einem leicht beklommenen Gefühl fragte ich meine Klientin: »*Kennen Sie einen jungen Mann, der ertrunken ist*«? Sichtlich berührt antwortet sie: »*Ja, und ich habe mir nichts sehnlichster gewünscht, als dass dieser Mann in unserer Sitzung erscheint.*«

Meine Beklemmungen verschwanden so schnell, wie sie aufgetaucht waren. Der junge Mann aus dem Jenseits sendete mir diese Gefühle und Bilder als Beweismittel, damit er eindeutig zu erkennen war.

Erst wenn mein Gegenüber die Person erkennt und mir klar zu verstehen gibt, dass es sich um diese oder jene Person handelt, gehe ich dann weiter in den Kontakt zu der sich zeigenden Seele. Manchmal ist es sehr herausfordernd, die übermittelten Bilder und Symbole der geistigen Welt klar und eindeutig zu übersetzen, doch in dieser Sitzung kamen ganz deutliche und unverkennbare Bilder auf meiner inneren Leinwand.

Bilder von Strand und Meer, von dem noch lebenden, jungen, gutaussehenden, schwarzhaarigen Mann, der in einem Schiffsunternehmen mit mehreren anderen Männern arbeitete. Ich fühlte aber auch, dass der junge Mann mit den anderen Männern in diesem warmen und sonnigen Land öfters Konflikte hatte. Meine Klientin bestätigte mir die übermittelten Informationen. Mich interessierte zusätzlich, in welcher Verbindung der Verstorbene zu der jungen Frau stand und ob er eine Botschaft für sie hatte. Sobald ich diese Fragen an den Verstorbenen ausgesendet hatte, überkam mich ein prickelndes Gefühl von unbeschreiblicher Liebe. Jede Zelle meines Körpers war plötzlich erfüllt mit einer intensiven Liebesenergie, die sich wie »frisch verliebt« und innig anfühlte. Ich sah Bilder einer gütigen, mehrköpfigen Familie aus dem Orient, meine Klientin mittendrin, geachtet, bewundert und herzlichst aufgenommen. Als ich ihr meine Bilder übermittelte, ließ sie ihren Tränen freien Lauf und erzählte mir, dass sie diesen Mann auf einer Reise in seinem Land kennengelernt hatte, allerdings war sie währenddessen bereits in einer Partnerschaft in Deutschland. Der feinfühlige Mann und sie verliebten sich unsterblich, im wahrsten Sinne des Wortes, wie ich das soeben durch mein Hellfühlen wahrnehmen durfte. Er und seine Familie hatten sie in ihre Herzen geschlossen und hätten sie gerne als neues Familienmitglied gesehen. Die beiden verbrachten wunderschöne Tage im Land der Pharaonen, gehüllt in Liebe und Geborgenheit. Meine Klientin entschied sich dennoch für ihren zukünftigen Ehemann in Deutschland, mit dem sie eine Familie gründen wollte. Kurz nachdem sie diesem liebenden Südländer ihre Entscheidung mitgeteilt hatte und nach Hause gereist war, verstarb dieser bei einem Arbeitsunfall im Meer. Und genau das war der Grund, warum sie mit dieser Seele in der geistigen Welt noch einmal Kontakt aufnehmen wollte. Sie wollte mit ihm über ihre damalige Entscheidung sprechen, und daraufhin entwickelte sich ein berührendes Seelengespräch der beiden Liebenden. Beide waren sich einig, obwohl die Klientin sich nicht für ihn entschieden hatte, dass sie miteinander die größte Liebe ihres irdischen Lebens erfahren durften. Er zeigte ihr über meine Hellsinne die Kette, die er ihr damals geschenkt hatte. Daraufhin erzählte sie mir, dass jederzeit, wenn sie das Schmuckstück anlege, ein Schauer durch ihren Körper ströme. Sie spürt ihn dann jedes Mal fast körperlich an ihrer Seite. Die beiden sind sich dann auf Seelenebene ganz nah und, durchströmt von Liebe, verbunden. Nach diesem klärenden und liebevollen Austausch durch mich als Botschafterin gab es keine Missverständnisse mehr und sie konnte sich nun auf ihre bevorstehende Hochzeit freuen. Es war ihr ein großes Anliegen, bevor sie »Ja« zu ihrem zukünftigen Ehemann sagte, diese Herzensverbindung in Liebe zu klären. Dieser Jenseitskontakt konnte ihre Seele beruhigen und schenkte ihr zugleich Freiheit für ihren weiteren Lebensweg. Aber, pst! Das Schmuckkästchen in ihrem Schlafzimmer dient nicht nur dazu, die wunderschöne Kette aus dem Orient aufzubewahren, sondern auch als Schatzkästchen für ihre ganz besondere und mystische Liebe. Die junge Frau besuchte erst kürzlich mit ihrem Ehemann die Familie des Verstorbenen, da sie immer noch einen herzlichen Kontakt miteinander pflegen.

## Der menschliche Charakter geht mit

Wenn eine Person den Wunsch hat, mit einem bestimmten Verstorbenen in der geistigen Welt in Kontakt zu treten, lasse ich mir gerne ein Foto von diesem Menschen zusenden. Ich lege das Bild dann einige Tage vor unserer Sitzung auf meinen Altar und lade die Seele mit einem kleinen Gebet zu mir ein. Diese sanfte Vorgehensweise mag ich sehr gerne, obwohl ich weiß, dass es im Jenseits keine Zeitrechnung gibt und die Verstorbenen sicher keinen Terminkalender mit sich tragen. Auch wenn ich vorher kein Foto erhalte – was für die Erfolgsquote eines bestimmten Jenseitskontaktes nicht relevant ist – begebe ich mir vor jeder Sitzung an meinen Altar. Dort bedanke ich mich bei Gott für meine Fähigkeiten und bitte mein geistiges Team darum, dass ich die richtigen Worte wähle und eine achtsame Vermittlerin für die geistige Welt und meine Klienten sein werde. Ich genieße dieses Ritual und besinne mich jedes Mal aufs Neue meiner Demut und meines Respekts vor der Schöpfung.

In der im Folgenden beschriebenen Sitzung bekam ich eine Woche vorher ein Foto zugesendet und legte es zwischen meine Kerzen und Kristalle auf meinen Altar. Ich spürte rasch, dass ich dieser Seele als Medium dienen konnte und sie mir gegenüber sehr aufgeschlossen und kontaktfreudig war.

Mittlerweile bin ich der Ansicht, dass die Verstorbenen ihre Angehörigen zum passenden Medium führen. Meistens bekomme ich, sobald ich das Foto platziere, schon viele Informationen über diese Person. Bei dieser Vorgehensweise ist es wichtig, zu unterscheiden, ob ich in der **Aura** des Verstorbenen lese oder bereits tatsächlich **Kontakt** habe. Auf Seite 36 und im Spirit-Lexikon gehe ich auf die Unterschiede ausführlich ein.

Zurück zu diesem Kapitel. Schon während ich telefonisch mit einer liebenswerten Schweizerin diesen Jenseitskontakt terminierte, nahm ich eine sehr fröhliche männliche Energie neben mir wahr. Ich musste schmunzeln und dachte mir: *»Du bist ja ein lustiger Geselle.«* Die **Wesenheit** begleitete mich seit dem Telefonat mit seiner Frau auf Schritt und Tritt, und ich wies sie deutlich und zugleich liebevoll darauf hin, dass der Termin ja erst in der kommenden Woche sei und er doch bitte noch etwas Geduld aufbringen möge. Und dass ich, obwohl die erheiternde Seele wirklich sehr erfrischend war, gerne erst am ausgemachten Termin Kontakt zu ihm hätte. Er zeigte vorerst mäßiges Verständnis und verschwand nach mehrmaligen Aufforderungen dann aber doch. Seinen offenen und verschmitzten Charakter, den seine Frau und seine Freunde zu Lebzeiten sehr an ihm schätzten, habe ich deutlich wahrnehmen dürfen. So eine Vorfreude auf einen Kontakt zur irdischen Welt und die Intensität waren mir neu. Kannst Du Dir, lieber Leser, meine Freude und prickelnde Aufregung an meiner Tätigkeit als Medium vorstellen, die mir jedes Mal eine neue Erfahrung schenkt?

Etwa dreißig Minuten vor der Sitzung mit meiner Klientin aus der Schweiz stimmte ich mich nun gezielt auf die Wesenheit ein, wir hatten sofort Kontakt, und er zeigte mir in »Windeseile« Bilder, die seinen Übergang in die geistige Welt veranschaulichten. Er beugte sich nach vorne und plötzlich gab es einen Aufprall, den ich zusätzlich als dumpfes und heftiges Gefühl in meiner Magengegend, dem Solarplexus, wahrnahm. Und dann war da das gleißende, göttliche allumfassende Licht. Im Bruchteil einer Sekunde war der Mann nach Hause gegangen. Was genau an seinem Todestag passierte, erfuhr ich dann später von meiner Klientin. Zügig lenkte er aber meine Aufmerksamkeit wieder auf seine Fröhlichkeit, seine Geselligkeit mit Kollegen, seine Naturverbundenheit und seine Vorliebe für Schweizer Käse auf Almhütten. Er gewährte mir Einblicke in seinen idyllischen Wohnort in einem Bergdörfchen. Wir beide waren schon wunderbar in Kontakt, als seine etwa sechzigjährige Ehefrau zu mir in die Praxis kam. Sie bestätigte mir meine zahlreichen Informationen und wunderte sich kein bisschen, dass ihr verstorbener Mann und ich schon im regen Austausch waren. Sie musste sehr schmunzeln, dass er mir zwar seine Geselligkeit zeigte, aber sein übermäßiger Bier- und Schnapskonsum für ihn als Beweisführung wohl nicht von großer Bedeutung war. Nun nahm ich die berührte Ehefrau mit in meinen **»Heiligen Begegnungsraum«**, damit die zwei in Kontakt treten konnten. Wie das gemeint ist, liest Du ab Seite 82 im Spirit-Lexikon.

Der bodenständige Mann war voller Freude und Glück, seiner Liebsten auf Seelenebene ganz nahe zu sein. Nun zeigte er sich mir ganz deutlich in seinem Lieblingsoutfit – Jeans und kariertes Hemd. Er präsentierte mir seine ausgetretenen Bergschuhe, um seiner Frau wirklich zu beweisen, dass er es war. Ich sah vor meinem inneren Auge Bilder von seinem ehemals schmerzenden Rücken, den seine Ehefrau liebevoll mit Heilsalbe eingecremt hat, gemeinsamen Wanderungen, Jausen in Berghütten mit Käse, Bier und Wein. Für seine Frau gab es keinen Zweifel mehr, dass seine Seele nun an ihrer Seite war, und sie genoss diesen innigen sowie für sie heilsamen Zustand sehr. Für ihn war es noch sehr wichtig, sich für ihre selbstlose Hilfsbereitschaft, ihr ermutigendes Wesen und ihre uneingeschränkte Liebe zu bedanken. *»Was hätte ich ohne Dich auf Erden getan ?!«*, hörte ich mit meinen Hellsinnen. Er wollte ihr auch unbedingt mitteilen, dass er bei seinem Absturz in den Bergen nicht gelitten hatte und der Übergang in die geistige Welt für ihn total plötzlich und absolut schmerzfrei gewesen war. Weiterhin hörte ich seine Worte: *»Mein Schatz, bitte schaue mehr auf Dich und höre auf, es allen recht machen zu wollen. Jetzt ist die richtige Zeit, Dein Leben neu zu überdenken und zu gestalten, gehe wieder Deinen Interessen nach, Du brauchst Dich nicht mehr nach mir zu richten. Ich weiß, ich habe Dich mit meinen anspruchsvollen Wanderungen in letzter Zeit überfordert, ich mich leider auch. Ich wollte es nicht wahrhaben, dass meine Kondition nachgelassen hat und habe meine körperlichen*

*Anzeichen ignoriert. Nun bitte ich Dich, gehe Deinen Weg, in Deinem Tempo, und lasse Dich nicht mehr beirren und hetzen.«* Mit diesem eindrücklichen Monolog an seine Frau verschwand die Seele. Wir waren beide sehr ergriffen und schwiegen eine Zeit lang, um diese Worte wirken zu lassen. Die Ehefrau war sehr glücklich und zugleich nachdenklich, wie ihr neues Leben wohl aussehen würde. Allerdings sah ich ihr Leuchten in den Augen und fühlte, dass sie bereits einige Ideen hatte.

## Mysteriöse Buchung und Wahrheitsfindung

Ein älterer Mann mit norddeutschem Dialekt buchte bei mir telefonisch einen Jenseitskontakt in meiner Praxis. Auf Grund seiner langen Anreise reservierte er sich in der Nähe ein Hotelzimmer, um seinen Termin bei mir noch mit einer schönen Sightseeingtour rund um den Bodensee herum zu verbinden. Wie besprochen und von ihm gewünscht, sandte er mir vorab ein Foto von der Person zu, mit der er in Kontakt treten wollte. Das große Hochglanzfoto einer jungen, etwas lasziv erscheinenden Frau legte ich auf meinen Altar, und es fühlte sich sofort seltsam an. Ich spürte eine strikte Ablehnung, die mir direkt auf den Magen schlug. Die junge Person auf dem Foto war gar nicht erfreut darüber, bei mir auf dem Altar »Platz zu nehmen«. Je mehr ich ihre Ablehnung an meinem gesamten Körper bemerkte, desto weniger Emotionen spürte ich in meinem **Herzchakra**. Sonst nehme ich jeweils eine tiefe Verbundenheit zwischen den Seelen wahr und eine Freude über die gegenseitige Wahrnehmung. In diesem Fall wurde mein Herz nicht liebevoll berührt, sondern von einem unangenehmen Kälteschauer gestreift. Dennoch ließ ich das Foto auf meinem Altar liegen, um zu prüfen, ob sich in meiner Wahrnehmung zu einem späteren Zeitpunkt etwas verändern würde. Die ablehnende Haltung blieb konstant und ich war mir auf einmal sicher, dass diese Seele noch gar nicht in der geistigen Welt war. Dieser Kontakt fühlte sich einfach gänzlich anders an. Dessen war ich mir sicher! Sie verweilte noch unter uns Erdenmenschen.

Puh, in einer solch brisanten Situation während meiner medialen Arbeit steckte ich noch nie! Ein Mann buchte einen Termin, um mit einem geliebten Menschen zu kommunizieren, der vermeintlich in der geistigen Welt war, und die Person war noch gar nicht gestorben. Ich war irritiert und hörte die Stimme meines Vaters: »*Mein Schatz, Du wächst mit Deinen Herausforderungen!*«

Nun gut, durchatmen und vertrauen. Vor dem Termin mit meinem Klienten stimmte ich mich auf Seelenebene mit dieser Person auf dem Bild ein und bekam zur Antwort: »*Der Mann soll mich endlich in Ruhe lassen.*« Der **Seelenanteil** dieser Person zeigte sich genervt und gelangweilt und wollte absolut gar keinen Kontakt mehr zu meinem Klienten haben. Mein inneres Auge zeigte mir Bilder einer ungesunden, unehrlichen Beziehung, die auf Erotik und materiellen Ausbeutung aufgebaut war. Ein unangenehmer Schauer überkam mich. Wie sollte ich diese Nachricht und diese eindeutigen, aber auch rätselhaften Bilder meinem Klienten übermitteln? Vielleicht täuschte ich mich auch? Mein Verstand zweifelte immer wieder kurzfristig, mein geistiges Team ermutigte mich jedoch, meiner Wahrnehmung zu vertrauen.

Der Termin stand an, und der freundliche Mann kam überpünktlich und sehr aufgeregt zu mir in die Praxis. Er drückte mir eine große Pralinenschachtel in die Hand und erzählte mir unaufgefordert von seiner großen Liebe des Lebens, die er im Internet kennengelernt hatte. Leider, so räumte er ein, war er schon sehr traurig darüber, dass sie sich aus für ihn unerklärlichen Gründen nie persönlich treffen konnten und dass sie ihre genaue Adresse nicht preisgab. Mir wurde klar, dass sich meine Wahrnehmungen zu 100 % bestätigen würden. Mein Gegenüber war im unaufhaltsamen Redefluss und erzählte mir, freudig in Erinnerungen schwelgend, dass sie eine intensive Beziehung, auch erotischer Art, über ein Onlineportal pflegten. Schnell schmiedeten sie Hochzeitspläne in naher Zukunft, und nach einigen Wochen unterstützte er seine Internetbekanntschaft bereits sehr großzügig mit finanziellen Mitteln, die leider nie ausreichten, weshalb er auch ein Darlehen aufnehmen musste. Dennoch kamen für ihn keinerlei Zweifel auf, die die Beziehung infrage stellten. Laut ihrer Aussage wurde sie von mehreren Menschen in ihrem Umfeld erpresst und unterdrückt, in welcher Art, wusste er auch nicht so genau. Außerdem müsse sie noch für ihren kleinen Sohn sorgen, mit dem er ja dann auch in Zukunft zusammenleben würde. Er freute sich schon so sehr darauf, endlich die Frau seines Lebens persönlich kennenzulernen und mit ihr ein neues Leben anzufangen. Für dieses prickelnde Lebensgefühl nahm er das Scheitern seiner langjährigen Beziehung und den mittlerweile großen Schuldenberg gerne in Kauf. Ich stand zwischen spiritueller Wahrnehmung und menschlichem Beistand.

Eines Tages, plötzlich und unerwartet, erreichte er seine

Internetfreundin nicht mehr; sie war aus heiterem Himmel verschwunden. Der zutiefst gekränkte und verunsicherte Mann erfuhr über einen Unbekannten per WhatsApp, dass die Dame an einer Herzkrankheit verstorben sei, und ihr Sohn, genetisch bedingt, einige Tage später ebenso. Mit Trauer erfüllt und einem opulenten Grabgestecke fuhr er mehrere Kilometer in ein osteuropäisches Städtchen, welches, ihrer Angabe nach, ihr Geburtsort und aktuelle Heimat war. Leider konnte die Gemeinde keine Frau mit ihrem Namen ausfindig machen und das Grab auch nicht städteübergreifend definieren. Dennoch war sich der Mann sicher, dass er mit dieser Dame zeitnah eine neue Zukunft begonnen hätte, und wollte nun Kontakt mit ihr aufnehmen, um ihr seine Trauer noch einmal persönlich mitzuteilen. Ich saß wirklich in der Zwickmühle. Einerseits wollte ich diesem älteren Herrn seine »rosarote« Brille nicht wegnehmen, andererseits wollte ich ihn auch nicht in dieser Täuschung leben lassen. Ich vermittelte ihm ganz sachte, dass ich die Dame in der geistigen Welt nicht sehen könne und dass daher auch kein Jenseitskontakt möglich sei. Weiterhin versuchte ich, ihm mit meinem klaren Menschenverstand und psychotherapeutischen Methoden die aktuelle Situation aufzuzeigen. Nach emotionalen und bewegenden drei Stunden waren wir beide um einige Erfahrungen reicher.

Auch diesmal lernte ich wieder, wie wichtig es ist, als Medium seinen eigenen Wahrnehmungen zu vertrauen und keine »Wunscherfüllerin« von Klienten zu werden. Zudem war ich sehr dankbar über meinen »Background« als Therapeutin und Coach, da ich dadurch diese Situation gut auffangen und diesen Mann menschlich und therapeutisch bestens begleiten konnte.

## Hilfe aus der geistigen Welt, statt Psychotherapie

Eine junge, sichtlich erschöpfte Mutter kam zu mir in die Praxis, um endlich ihre Traurigkeit loszuwerden. Kurz und bündig kommunizierte sie ihr Anliegen. Während ich ihre Worte erst einmal auf mich wirken ließ, füllten sich ihre Augen mit Tränen. Sie erzählte mir mit stockender Stimme von ihrer permanenten Überforderung im Alltag, ihrer süßen, quirligen Tochter und ihrer dunklen, tiefsitzenden Traurigkeit. Sie wünschte sich einen Jenseitskontakt, wer mit ihr Kontakt aufnehmen möge, sei ihr egal.

Da ich in meiner Praxis, wie schon erwähnt, auch Therapie und Coaching anbiete, empfahl ich ihr, zunächst einmal eine therapeutische Sitzung in Anspruch zu nehmen, um ihre momentane Lebenssituation und ihre depressive Verstimmung zu beleuchten. Die junge Mutter bestand jedoch ausdrücklich auf ihrem gebuchten Jenseitskontakt und saß mit kindlichem Trotz und funkelnden Augen vor mir. »*Na gut*«, dachte ich mir, es wird schon die Seele auf uns zukommen, die für meine Klientin in dieser Situation wichtig und hilfreich sein wird. Ich sprach meine Absicht aus und begab mich in meinen heiligen Begegnungsraum, der nun für mich deutlich spürbar von einer leichten, reinen, fröhlichen und unbeschwerten Energie erfüllt war. Es umgab mich ein zartes Flimmern und ich fühlte mich ein wenig berauscht von dieser hohen Schwingung.

## Begegnung mit der Vergangenheit

Vor meinem inneren Auge zeigte sich mir ein kleiner, circa drei Jahre alter Junge mit einer süßen Latzhose aus Jeansstoff. Der aufgeweckte Junge spielte auf einem alten Holzboden in einem sehr renovierungsbedürftigen Haus, er war fröhlich und hatte rosige Pausbacken. Ich fragte meine Klientin, ob sie einen kleinen Jungen in der geistigen Welt kenne, und prompt verwandelte sich ihr zuvor leicht bockiges Verhalten in wahre Sanftmut. *»Das ist mein ungeborenes Kind, es müsste jetzt genau drei Jahre alt sein«*, antwortete die junge Frau mit anmutiger Stimme. *»Möchten Sie, dass der Kleine uns noch mehr zeigt, um wirklich sicherzugehen, dass es ihr Kind ist?!«*, fragte ich. Meine Klientin strahlte mich heftig nickend an.

Der kleine Junge zeigte mir, dass das Holzhaus, in dem er spielte, sehr baufällig war. Es war winzig klein, und die schweren Holzdielen knarzten bei jedem Schritt. Ich sah vor meinem inneren Auge morsche, undichte Fensterrahmen, die nicht mehr vor Nässe und Kälte schützen konnten, und roch mit meinen Hellsinnen den Schimmel an den Wänden. Der kleine Garten um das Haus herum diente als Sammelplatz für alte, verrottete Türen und Möbel.

Als ich meiner Klientin die erhaltenen Bilder übermittelte, liefen ihr erneut viele Tränen über ihr zartes Gesicht und sie erzählte mir mit zaghafter und trauriger Stimme: *»Ja, das war das Haus, in dem wir wohnten, als ich schwanger war.*

Es war viel zu klein und baufällig für weiteren Zuwachs in unserer kleinen Familie. Mein Mann und ich wussten nicht ein und aus, wie wir die ganzen Renovierungsarbeiten, neben unseren alltäglichen Herausforderungen, bis zur Geburt unseres Sohnes meistern sollten. Wir hatten auch keine finanziellen Mittel, um uns helfen zu lassen. Unserer kleinen Tochter mangelte es schon am Platz zum Spielen, die kalte Jahreszeit nahte, und ich machte mir rund um die Uhr Sorgen, wie wir das alles wohl hinbekommen sollten, und wurde dabei immer kränker. In dieser beunruhigenden Situation habe ich dann auch noch meinen ungeborenen Sohn verloren. Seither stecke ich in einem tiefen Loch und bin psychisch sehr instabil.«

## Die Kraft der Seelenverbindung

Der kleine Junge zeigte sich mir also in dem Alter, in dem er jetzt hier auf Erden gewesen wäre. Kinder als Jenseitskontakte sind häufig sehr luftig, dynamisch und liebenswert. Manchmal kommt man gar nicht so schnell mit, wie sie sich zeigen, und es ist schwierig, die Kommunikation zu halten.

Ich fragte ihn auf Seelenebene, warum er denn seine Reise in unsere irdische Welt so plötzlich abgebrochen hatte. Er übermittelte mir anhand eines Kurzfilmes die höchst angespannte Situation der gesamten Familie. Er wollte für seine Eltern, die sich schon kaum ausreichend Zeit für seine Schwester nehmen konnten, nicht auch noch eine Belastung sein. Er hatte zum Wohle der gesamten Familie gehandelt. Mit seiner Schwester fühlt er sich innig verbunden und begleitet sie auf Seelenebene in ihrem Leben auf Erden. Er schenkt ihr Trost, wenn sie sich manchmal unverstanden und ungerecht behandelt fühlt.

Die junge Frau bestätigte mir, dass für sie und ihren Mann zu diesem Zeitpunkt ein zweites Kind unvorstellbar gewesen wäre und der unerwartete Abgang tatsächlich, auch wenn der Schmerz unermesslich groß war und immer noch anhält, damals eine kurzfristige Erleichterung war. Allerdings litt sie nun unter ihrem schlechten Gewissen. Ihr Gedankenkarussell drehte sich darum, ob sie mit ihren damaligen Gedanken, dass sie die Vorbereitungen vor der Geburt nicht schaffen würden, den Abschied von ihrem Sohn herausgefordert hatte. Die kleine lichtvolle Seele hat das aber für sich alleine entschieden, unabhängig von den Gedanken seiner Mutter. Sie war sehr erleichtert, als ich ihr die Botschaft übermitteln durfte.

## Heilung und neue Perspektiven

Ferner erzählte mir meine Klientin, dass sie ihre fünfjährige Tochter mehrfach beobachtet hatte, wie sie vor dem Schlafengehen mit jemandem sprach, der gar nicht im Raum war. Manchmal male sie auch einen Regenbogen mit ihren Buntstiften und hänge das Bild über ihrem Bettchen auf, als Geschenk für jemanden, den nur sie kennt. Diese Vorstellung hat mich zu Tränen gerührt.

Da es in der geistigen Welt weder Zeit noch eingeschränkten Raum gibt, können sich die Seelen so zeigen, wie es die Menschen auf unserer Erde am besten verstehen und annehmen können.

Darum zeigte sich der Junge genau in dem Alter, in dem er zu dem Zeitpunkt des Jenseitskontaktes gewesen wäre, damit seine Mutter ihn gleich erkennen würde.

Die junge Frau verband sich nun in tiefster Mutterliebe mit ihrem Sohn und dankte ihm unter anderem für sein großes Verständnis. Er bat sie, einen Bilderrahmen mit einem gemalten Bild von seiner großen Schwester auf die Kommode ins Wohnzimmer zu stellen. Denn er gehört genauso zur Familie, auch wenn er körperlich nicht mit am Frühstückstisch sitzt.

Die Mutter war nach der Sitzung wie verwandelt. Sie fühlte sich getröstet und war froh, Gewissheit zu haben, dass ihr ungeborenes Kind bei ihr und ihrer Tochter ist, sie leitet und unterstützt. Sie verließ die Praxis mit einem Lächeln auf den Lippen und den folgenden Worten: »*Ich habe das Gefühl, dass neben meiner tiefsitzenden Traurigkeit nun auch ein Funke Freude aufblitzt.*«

So ein großartiges Geschenk der geistigen Welt. Keine psychotherapeutische Sitzung hätte meiner Klientin mehr inneren Frieden und Heilung schenken können.

## Pompöser Auftritt

Bei dem folgenden Jenseitskontakt durfte ich in der Welt einer erfolgreichen Künstlerin im wahrsten Sinne »stöbern«. Eine junge Frau, die der geistigen Welt sehr kritisch gegenüberstand, hatte noch einige Fragen an ihre verstorbene Mutter, die sie endlich klären wollte. Ihre Verlegenheit bei ihrer Ankunft in meinen Räumlichkeiten, die sie mit einer gewissen Arroganz mir gegenüber zu kompensieren versuchte, verunsicherte mich nicht. Ganz im Gegenteil, sie ließ mich warmherzig und verständnisvoll für die hilfesuchende Tochter werden.

Ich stimmte mich mit meiner gewohnten Methode ein und begab mich imaginär mit meiner jungen Klientin in den von mir kreierten heiligen Begegnungsraum, um Kontakt mit ihrer verstorbenen Mutter aufzunehmen.

Es dauerte nicht lange, bis eine attraktive, extravagant gekleidete Dame mit butterblonden hochgesteckten Haaren auf mich zukam. Ihr Dekolleté war mit einer bezaubernden, opulenten, goldenen Kette geschmückt und ihre Hände mit außergewöhnlichen Ringen aus verschiedenen bunten Kristallen bestückt. Ihr Erscheinungsbild glich einem Gemälde, das mit Raffinesse und Kreativität gerahmt war.

Der Dame in der geistigen Welt schien meinen heiligen Raum für sie wohl nicht angemessen zu sein, also zauberte sie einen großen Ohrensessel mit dunkelgrünem Samtbezug aus geschwungenem dunklem Holz herbei und setzte sich nun sichtlich zufrieden vor uns. Dieses Schauspiel ermunterte mich und ließ mich schmunzeln, da ich selbst sehr dem üppigen Schönen zugewandt bin. Stolz zeigte sie mir ein Atelier mit einem großen Ausstellungsraum, gefüllt mit diversen Bildern, Skulpturen und künstlerischen Gegenständen. Als ich meiner Klientin mit erstaunten Augen von diesem imposanten Erscheinungsbild berichtete, musste sie laut und herzlich lachen: »*Ja, meine Mutter war eine Künstlerin und legte sehr viel Wert auf ihr individuelles Erscheinungsbild. In ihrer Galerie war jedes ihrer Bilder ein Augenschmaus und sie verschmolz direkt mit ihren Kunstwerken. Ihre Kunden und Kundinnen waren immer so begeistert von ihrem Auftreten, dass dies auch zu ihrem Bekanntheitsgrad in der Kunstszene beitrug.*«

Nach diesem sensationellen Start legte die Tochter nun ihre Zweifel beiseite, und ihre tiefen, entspannten Atemzüge waren auch für mich wohltuend. Ich freute mich zu spüren, wie Mutter und Tochter die gegenseitige Nähe in dieser friedvollen und heilenden Energie genossen. Die Brücke der zwei Welten war geschaffen. Anschließend war noch genügend Raum, um die offenen Fragen meiner Klientin an ihre Mutter zu beantworten.

Am Ende der Sitzung zeigte die Seele im Jenseits ihrer Tochter noch ein Schmuckstück, das sie ihr in jungen Jahren geschenkt hatte. Dieser Ring mit funkelnden Steinen sollte sie daran erinnern, dass die Tochter sich geliebt und unterstützt fühlen darf, gerade in schwierigen Zeiten, wenn die irdische Welt sie herausfordert. Die Tochter erinnerte sich an diesen ausgefallenen Ring, der in ihrer Schmuckkiste gut behütet war. Auch wenn sie ihn nicht trug, da er ihr etwas zu mächtig erschien, bekam er jetzt einen ganz neuen Wert für sie. Und sie versicherte nun erleichtert, mit einem Lächeln, dass sie jetzt einen ganz besonderen Platz für ihn finden würde, wo seine Steine im Sonnenlicht funkeln könnten.

## Besondere Sitzung mit tiefgreifenden Botschaften

Manchmal kommen auch mehrere Familienangehörige zu mir in die Praxis, um sich gemeinsam noch mal von einer bestimmten Person zu verabschieden. In dieser folgend beschriebenen Sitzung reservierten zwei Schwestern einen Termin bei mir, um gemeinsam von ihrem Vater Abschied zu nehmen. Leider ergab sich bei dem plötzlichen Tod keine Gelegenheit. Die zwei jungen Mütter hatten mir schon einige Tage vor unserer Sitzung ein Bild von ihrem Vater per Mail zugesandt. Ich wollte es soeben auf meinem Altar legen, um wie gewohnt die Seele aus der geistigen Welt einzuladen.

Dem Herrn, den ich gerade einladen wollte, war das wohl zu langwierig. Unmittelbar, noch mit dem Foto in der Hand, nahm ich vor meinem geistigen Auge seine Energie auf meiner Couch wahr. Die sehr vertrauenserweckende und sympathische Erscheinung fühlte sich anscheinend pudelwohl bei mir und fing prompt an zu erzählen, dass die eine Tochter so gut singen könne und er so gerne ihrer Stimme lauschte. Die andere Tochter sollte dringend in ihrer beruflichen Laufbahn etwas ändern, usw. Es sprudelte gerade so aus ihm heraus, und ich kam kaum hinterher, alle Informationen in dieser Geschwindigkeit mitzuschreiben.

Ich hätte dem netten und kontaktfreudigen Mann gerne noch mehr Zeit eingeräumt, da ich aber gleich eine Klientin in meiner Praxis erwartete, bat ich ihn, dass er bitte gehen möge, und am übernächsten Tag, wenn seine Töchter zu mir kämen, von Herzen wieder eingeladen sei. Die warmherzige Energie verschwand so schnell, wie sie gekommen war, und ich freute mich schon auf die kommende Sitzung in zwei Tagen mit seinen Töchtern und ihm.

Nun war es gleich so weit, ich räucherte meinen Raum mit weißem Salbei, zündete die Kerzen an, stellte frisch aufgebrühten griechischen Bergtee und Teegläschen aus Marokko auf die Beistelltische und wollte gerade zur Einstimmung auf meinem Sessel Platz nehmen, als ich mit meinen Hellsinnen einen Chor singen hörte. Sanfte Töne umgarnten mich, ich war berührt und lauschte entspannt der Musik. Der Klingelton meiner Haustüre, der mir nach diesen zarten Tönen richtig schrill vorkam, ließ mich schnell wieder in Aktion treten.

Freudig empfing ich die zwei liebenswerten Damen und führte sie in meinen lichtvollen Raum. Die beiden kamen trotz der angenehmen Atmosphäre und des köstlichen Tees nur wenig zur Ruhe. Ihre innere Aufregung wegen dem, was jetzt gleich geschehen würde, war deutlich spürbar. Um die Situation etwas aufzulockern, fragte ich, welche von beiden die gute Stimme habe und gerne sänge. Eine der Schwestern fühlte sich direkt angesprochen und fragte mich, woher ich das wüsste, sie sei vor Kurzem in einen

Chor eingetreten und singe so gerne. »Ja, den Chor habe ich vorhin genießen dürfen«, dachte ich mir und schmunzelte in mich hinein.

Nun erzählte ich ihnen von ihrem liebevollen Vater, dass er sich schon zwei Tage früher bei mir gemeldet und mir schon einige Informationen durchgegeben hatte. Da mussten beide herzhaft lachen, da ihr Vater schon immer überpünktlich gewesen sei. »Und wer von Ihnen ist gerade sehr unzufrieden in der Arbeit?«, fragte ich. »Ich«, antwortete die andere Schwester spontan. »Ich bin gerade überhaupt nicht glücklich mit meiner beruflichen Situation, und alle meine Freunde und Familienangehörige geben mir unmissverständlich zu verstehen, dass ich mir das nicht mehr bieten lassen soll. Mein Vater hätte sicher auch den Kopf geschüttelt.« »Ja, das hat er«, sagte ich, »ihm gefällt Ihre berufliche Situation ganz und gar nicht, und er plädiert für eine Veränderung, damit Ihre Kompetenz, Kreativität und Arbeitsbereitschaft wieder gesehen und geschätzt werden.« »Sieht Papa denn wirklich alles, was wir tun?«, fragte die eine Schwester. »Ja, und er begleitet Euch auf allen Euren Wegen und ist nur körperlich nicht mehr anwesend.«

Die Geschwister nahmen sich liebevoll in die Arme und schenkten sich gegenseitig Trost. In diesem Moment klinkte sich der liebevolle Vater in unsere Runde ein, so gütig wie die Tage zuvor. Ich bat ihn, mir Erlebnisse mit seinen Töchtern und der gesamten Familie zu zeigen, damit sie noch sicherer sein konnten, dass er es wirklich war.

## Lebensszenen als Beweis für die herzliche Verbindung

Er zeigte mir Szenen aus Science-Fiction-Filmen, die sie gerne am Wochenende gemeinsam angeschaut hatten, und wie er sich dabei vor Lachen auf die Oberschenkel klopfte. Er teilte mit mir seine Freude an gemeinsamen Bergtouren sowie an stilvollen Restaurantbesuchen, und seine Liebe zu seiner adretten, schönen Ehefrau. Zudem ließ er mich an seiner traurigen Lebensphase vor seinem Tod teilhaben. »*Ja, das ist zu 100 % Papa*«, da waren sich beide einig.

Nun dankten sie ihrem lieben Vater für die unzähligen Dinge, die er ihnen ermöglichen konnte, seine manchmal strenge, aber geradlinige Erziehung, für den humorvollen Umgang in kniffligen Situationen. Sie dankten auch mir, dass ich ihnen den heiligen Raum geöffnet habe, sich in Ruhe von ihrem Papa zu verabschieden. Von Herzen gerne! Ich danke der geistigen Welt, diese Geschenke der Freude, Heilung und des Friedens im Herzen, weiterzugeben.

## Herziges Potpourri fröhlicher Jenseitskontakte

Eine sehr attraktive Dame mittleren Alters stand pünktlich, aufgelöst und erschöpft zu ihrem Termin vor meiner Türe. Liebevoll bat ich sie hinein und nahm sie erst mal in meine Arme. Sie hatte einen sehr langen, anstrengenden Anfahrtsweg hinter sich und es war nicht zu übersehen, dass sie trauerte, mindestens drei Tage durchgeweint hatte und ihre Nerven an Drahtseilen hingen. Auch wenn ich von dieser verzweifelten Befindlichkeit berührt wurde, schwang parallel eine heitere Energie mit, auf die ich mich gerne einließ. Nach einigen Minuten saßen wir uns in wohliger Atmosphäre gegenüber, und wir wussten in diesem Moment noch nicht, was auf uns zukam. Meine Klientin wollte sich gerne vom Jenseits überraschen lassen und war nun in großer Vorfreude auf einen Kontakt.

Kaum hatte ich, beschwingt durch heitere Energie, eine Seele aus der geistigen Welt eingeladen, die meiner Klientin bekannt sein sollte, lenkte eine süße, mittelgroße Hündin mit weißem, langem, zotteligem Fell – dieses hing ihr frech über die dunklen Knopfaugen – meine Aufmerksamkeit auf sich. Vor meinem inneren Auge schwänzelte sie fröhlich und verspielt um die Beine meiner Klientin herum und schmiegte sich anschließend ganz nah auf ihren Schoß.

Ich genoss die sprudelnde Energie, die sich im ganzen Raum ausbreitete, und fragte neugierig die erwartungsvolle

Frau, ob sie einen weißen, mittelgroßen Hund in der geistigen Welt hatte, der liebesbedürftig, anschmiegsam und zugleich sehr verspielt war. Mit Tränen in den Augen bejahte sie meine Frage und flüsterte mir zu, dass sie genau wegen ihres Schatzes, der vor Kurzem von seinen Schmerzen im hohen Alter erlöst worden war, den Termin vereinbart hatte.

Wir wurden beide in unseren Herzen von der frischen, liebevollen und warmherzigen Energie der Hundeseele zutiefst berührt.

Nun widmete ich mich vollkommen der Hundeseele, die eine intensive und tiefe Seelenverbindung mit ihrem Frauchen pflegt, wie ich es selten erlebt habe. Eine leuchtende Seele, die meine Klientin auf Erden für einen gewissen Zeitraum begleitete. Die Hündin unterstützte mit ihrer bedingungslosen Zuneigung ihr Frauchen in den schwierigsten Jahren ihres Lebens. Sie jonglierte sie durch tiefe Gräben und half ihr, das Leben trotz aller Herausforderungen gut zu meistern. Die beiden verbrachten 16 Jahre lang jeden Tag miteinander.

Die Hündin bedankte sich bei ihrem Frauchen für die aufrichtige Liebe und Fürsorge, für das extra dicke Kissen in ihrem Körbchen und die ausgiebigen Streicheleinheiten. Sie befürwortete auch die Erlösung durch den Tierarzt, und das schlechte Gewissen der Hundeliebhaberin konnte nun endlich gehen. Die leuchtende Seele und ich waren in Fahrt, die Kommunikation lief zügig und geschmeidig. Gerade als ich weitere Botschaften von der Hündin, namens Bella, meiner

Klientin übersetzen wollte, wurden mir weitere Bilder über mein geistiges Auge übermittelt.

Ein anderer weißer Hund saß fröhlich, mit wehendem Fell, in einem Körbchen auf dem Gepäckträger eines Fahrrades. Ich fragte, ob Bella gerne als Beifahrer mit dem Fahrrad unterwegs war. *»Oh, nein, sie mochte das gar nicht, aber Ronny, mein Rüde vor meiner Hündin, mochte das sehr gerne und war mit meinem Vater oft den ganzen Tag mit dem Fahrrad unterwegs«,* antwortete sie freudestrahlend.

*»Hui«,* nun wechselten sich beide Hunde vor meinem geistigen Auge ab. Als noch ein großer Hund mit kurzem, schwarzem Fell dazu kam, war meine Klientin ganz aus dem Häuschen und juchzte: *»Ja, genau das ist Blacky, den Hund hatte ich vor Ronny. Mir fällt gerade auf, dass ich viele Hunde in der geistigen Welt habe.«*

Wir mussten beide lachen und freuten uns über die geliebten Fellfreunde. Nachdem ich die verschiedenen Botschaften der einzelnen Hundeseelen gut sortiert übermittelt hatte, und meine Klientin sich glücklich verabschiedete, um sich in ihrem gebuchten Domizil in Lindau ausgiebig zu erholen, wurde ich ein wenig wehmütig. In dieser Sitzung wurde mir wieder bestätigt, wie eng wir doch mit unseren geliebten Haustieren verbunden sind.

Meine im Jahr 2021 verstorbene Golden Retriever Hündin und ich schwingen zwar liebevoll gemeinsam auf Seelenebene, und trotzdem vermisse ich sie sehr. Unsere ausgiebigen Spaziergänge durch den Wald, unsere

Kuscheleinheiten, ihr in der Sonne glänzendes, goldenes Fell, ihre Sanftmut und ihren Stolz. Du weißt sicher, was ich meine, die offensichtliche, die greifbare Nähe. Sie war eine kluge, empathische und bildhübsche Hündin, sie öffnete die Herzen meiner Familie, von Freunden, und Klienten, sie heilte allein durch ihre Anwesenheit, und wenn sie es für nötig hielt, begleitete sie mich und meine Klienten bei Heilsitzungen in meiner Praxis. Und noch heute nehmen einige Patienten, während ihrer Heilsitzung bei mir, die Energie von Rosalie wahr.

*»Liebe Rosalie, ich danke Dir von Herzen, dass Du mich in den herausforderndsten Jahren meines Lebens so bedingungslos begleitet hast.«*

## Spaß zwischen den Welten

Meine Arbeit als Medium schenkt mir viel Freude, und wenn der Kontakt in die geistige Welt noch zusätzlich Humor mit ins Spiel bringt und mich charmant herausfordert, wie in dieser Sitzung, könnte ich jubeln vor Glück. Dann wird mit stets bewusst, wie dankbar ich diese Tätigkeit im Dienst der geistigen Welt ausübe.

Ein junger Mann hatte den Wunsch, nach einer medialen Beratung und einer Heilsitzung, die ihm beide sehr geholfen hatten, auch noch einen Jenseitskontakt mit mir auszuprobieren. Er war sehr aufgeschlossen und wollte sich überraschen lassen, wer zu ihm Kontakt aufnehmen wollte. Schon kurz bevor mein Klient bei mir eintraf, nahm ich bereits zwei männliche Personen wahr. Die Bilder von ihnen wechselten sich immerzu ab und schienen mir gleichermaßen wichtig für den jungen Mann zu sein. Ich behielt sie im Hinterkopf. Mein Klient und ich stimmten uns für den Kontakt mit der geistigen Welt ein, spürten gemeinsam die Veränderung der Energie im Raum, und er konnte mit seinem lieb gewonnenen Großvater anhand seiner Bestätigung meiner Beweisführung in Kontakt treten. »Aha«, dachte ich, die eine männliche Person, die ich vorab schon wahrgenommen habe, war nun eindeutig der Großvater meines Klienten. Ich war sehr zufrieden mit meiner medialen Sinnen. Er war ein dominanter

Großvater, der seine Präsenz nicht nur mit seinem korrekten Kleidungsstil ausdrückte, sondern auch mit Willensstärke und Machtdemonstration. Für ihn galt keine Widerrede. Für gemeinnützige Tätigkeiten, wie zum Beispiel das regelmäßige Einstellen der Kirchturmuhr für die Gemeinde, war er sehr geschätzt und geachtet. Er zeigte sich gerne in der Öffentlichkeit, liebte Pünktlichkeit, Aufrichtigkeit und Durchhaltevermögen. Für Gefühle gab es keinen Platz. Finanziell sorgte er gut für seine fünf Kinder, nach dem Motto: »Der Laden muss laufen.« Seine Frau hätte sich mehr Anerkennung gewünscht, liebte und achtete ihn aber aufrichtig.

Lieber Leser, vielleicht denkst Du jetzt, dass sich das eher spaßbefreit anhört, hab noch ein wenig Geduld. Zu einem Sohn hatte er eine besondere Beziehung, er war ihm sehr ähnlich, sie verstanden sich ohne Worte und akzeptierten sich im Schweigen nebeneinander. Seinem Enkel zeigte er auch seine humorvolle Seite, sie machten viele Späße miteinander und mochten sich sehr. Mein Klient, der Enkel, ist ein sehr feinfühliger und empathischer Mann, der gerne mit Menschen arbeitet, die sich in seiner Nähe sehr wohl fühlen. In meiner medialen Beratung mit ihm bekam ich die Botschaft, dass er allein schon mit seiner Anwesenheit Menschen heilt. In unserer Sitzung erzählte ihm sein Großvater, dass er zu Lebzeiten keine Gefühle zulassen konnte, da er Angst hatte, dass er dann nicht mehr in seine Kraft käme und er seine Aufgaben nicht mehr stemmen könnte. Dass er sich aber jeden Abend mit dem Göttlichen verband und um Segen bat. Er ging nicht in die Kirche, glaubte aber tief und fest an das Göttliche, die Engel und universelle Kräfte. Seine Botschaft an seinen Enkel war, dass er die feinfühlige Seite an ihm sehr schätzt, seine Empathie-Fähigkeit und seine Kunst, Gefühle auszudrücken. Dennoch wies er ihn auch darauf hin, seine Männlichkeit zu leben und auch seine natürliche Dominanz zu zeigen. Gerade in seinem beruflichen und privaten Umfeld würde ihm das sehr guttun. Mein Klient konnte diese Botschaften sehr gut annehmen und wusste auch genau, auf was er hinauswollte. Sein Großvater fand auch großen Gefallen an seiner Partnerin, was ihn natürlich sehr freute. Wir waren beide sehr berührt über die klare Kommunikation, da zeigte sich mir noch die andere männliche Person, die mit uns in Kommunikation treten wollte.

Ich beschrieb die Person meinem Klienten, und er war nun sehr irritiert. »Das ist ja auch mein Großvater,« sagte er und musste schmunzeln. Ja, so zeigte er sich nur zu Hause und im betagten Alter. Aus dem dunklen Jackett wurden ausgeleierte Hosenträge, aus dem weißen gebügelten Hemd ein weißes Rippenunterhemd, und dass das abendliche Bier gut schmeckte, war nicht zu übersehen. Nun mussten wir beide lachen. Der Großvater zwinkerte mir zu und schenkte mir ein Lächeln. Der Enkel sagte, dass das ein richtig typischer Scherz von ihm gewesen sei. Er zeigte sich mir in seinen zwei wichtigsten Rollen, als der dominante Geschäftsmann und als der gemütliche, humorvolle Genießer im hohen Alter. Für mich war es das erste Mal, dass sich ein Jenseitiger in einer

Sitzung in so unterschiedlichen Lebensphasen zeigte. Ich lerne noch jedes Mal dazu. Und diesmal kam eine gehörige Portion Humor aus der geistigen Welt dazu. Jenseitige können sehr unterhaltsam sein.

## Ein außergewöhnliches Medium-Erlebnis

In meiner Praxis biete ich unter anderem auch **Geistheilung** an. Ab Seite 82 unter Fachwissen erkläre ich, was es damit auf sich hat. Diese sanfte und wohltuende Behandlungsweise, bei der Heilenergie aus der geistigen Welt empfangen wird, ist bei meinen Klienten sehr beliebt. Wer die Methode **Fernheilung** wählt, muss keinen weiten Anfahrtsweg zu mir in Kauf nehmen. Heilenergie kann auch gemütlich auf der Couch bei sich zu Hause empfangen werden. Und genau diese Vorgehensweise hat eine Dame aus Graubünden für sich gewählt. In dieser für mich außergewöhnlichen Sitzung durfte ich erfahren, dass mir mein geistiges Team stets zur Seite steht und ich genau die medialen Fähigkeiten erhalte, die ich bereit bin, anzunehmen, und die mein System verarbeiten kann.

Dazu eine kurze Vorgeschichte: Während eines Ausbildungsmoduls im Arthur Findlay College in England waren wir zu einer sogenannten **Demonstration** eingeladen, bei der eine verstorbene Seele direkt durch ein Medium sprach. Das Medium veränderte drastisch seine Gesichtszüge, und die Stimme klang verzerrt und furchteinflößend. Die Botschaft dieses Trance-Mediums erschien mir damals noch sehr kurios. Mit dem, was ich hörte und sah, war ich komplett überfordert und packte dieses Erlebnis in meine »irdische

Schublade« namens Humbug. Nun sollte mir Ähnliches geschehen.

Zu Beginn der folgenden Fernheilung mit der Dame aus Graubünden telefonierten wir kurz, damit sie mir ihre Befindlichkeiten mitteilen und ich mich auf sie einstimmen konnte. Sie sprach von Traurigkeit, fehlender Lebensfreude sowie von Einsamkeit und körperlichen Beschwerden.

## Vorbereitung auf die Fernheilung

Obwohl ich weiß, dass die Helfer und Experten in der geistigen Welt genau wissen, was meiner Patientin fehlt und wie sie sie am besten unterstützen können, leite ich anfangs der Heilsitzung gedanklich die genannten Symptome an die geistige Welt weiter und bitte darum, dass der Experte für den Heilungsprozess anwesend sein möge, der sich auf diesem Gebiet am besten auskennt. Das können Verstorbene aus der Familie oder dem Freundeskreis, Erzengel mit ihrer Engelschar, Jesus, Maria und viele weitere Lichtwesen sein. Der göttliche Lichtstrom kann Heilung bringen. Lieber Leser, meine medialen Erkenntnisse, die ich während meiner Heilsitzungen erfahren durfte, werde ich mit Sicherheit in einem weiteren Buch hervorbringen, daher halte ich mich zu diesem Thema an dieser Stelle eher knapp, da ich in diesem Buch den Fokus auf Jenseitskontakte behalten möchte.

Nach unserem Telefonat legte sich meine Klientin ungestört und gemütlich auf ihre Couch und freute sich auf diese dreißig kostbaren Minuten, in der sie pure heilende Energie empfangen durfte. Ich stellte mich vor meine Behandlungsliege und stimmte mich nun sensitiv und medial auf die Frau und meine Geistführer, Engel und geistigen Helfer ein, genauso als ob die Klientin anwesend wäre. Nach wenigen Minuten wurde mir seltsam zumute, leichter Schwindel überkam mich und ich musste mich stark konzentrieren, um auf meinen Füßen zu bleiben. Mein Mund wurde unangenehm trocken, reflexartig schluckte ich heftig, und es kamen seltsame, unmelodische und laute Töne aus meinem Mund. Ich konnte die verzerrten Laute nicht aufhalten, blieb aber im Vertrauen, dass dieses Phänomen sicherlich mit der Sitzung zu tun hatte. Zeitgleich gingen mir folgende Gedanken durch den Kopf: »*Hoffentlich hört mein Liebster mich nicht und holt den Notarzt.*«

Langsam und mühsam definierten sich die verzerrten Töne zu klaren Worten, und die Worte zu ergreifenden Botschaften, die von ihrer verstorbenen Oma übermittelt wurden. Der Großmutter gelang es über diesen Weg, durch mich als Kanal, ihrer Enkelin in dieser Lebenssituation zur Seite zu stehen. Sie erinnerte sie daran ihre Ressourcen zu nutzen und zeigte ihr anhand von Beispielen, wie sie schon als Kind gut Probleme lösen konnte. Außerdem machte sie sie auf ihre nicht gelebten Fähigkeiten und Talente aufmerksam. Und zu guter Letzt, betonte die Stimme aus dem Jenseits, dass die Hilfesuchende niemals allein sei und ihre Ahnenreihe stets hinter ihr stehe.

Ich bat nun die Oma, sich mir zu zeigen, sodass ich anschließend wieder in die Beweisführung gehen konnte. Die tatkräftige Bäuerin fackelte nicht lange und zeigte sich mir in ihrer gesamten Erscheinung, ebenso ihre gemütliche Stube, die ordentlich aufgereihten Arbeitsschuhe vor ihrer Haustür, die wunderschönen bunten Blumen in ihrem wildromantisch angelegten Bauerngarten. Und dann – so plötzlich wie die Seele gekommen war, so prompt verschwand sie wieder aus meinem Körper. Es kehrte absolute Stille ein, die Energie veränderte sich und ich kam langsam zu mir. Mein Atem pflegte wieder seinen eigenen Rhythmus und ich fühlte mich wieder eins mit mir. Dankend beendete ich die Heilsitzung.

Telefonisch übermittelte ich der Dame auf ihrer Couch in Graubünden mein spirituelles Erlebnis und die erhaltenen Botschaften von ihrer geliebten Oma. Sie war glückselig über den unerwarteten Kontakt, da ihre Großmutter sie von klein auf bis hin zum Erwachsenenalter innig begleitete. Sie stand Ihr emotional näher als ihre eigene Mutter. Der Kontakt zu ihrer Großmutter erfüllt sie aktuell und im Nachhinein so sehr, dass ihr ihre Stärke und ihr Lebenswille wieder deutlich wurden und sie dadurch ihre Herausforderungen gut meistern konnte.

# Nachwirkungen und Erkenntnisse

Nachdem das Telefonat und somit die Sitzung beendet waren, benötigte ich erst einmal frische Luft und schlenderte leicht erschöpft durch meinen Garten. Hatte ich das soeben Erlebte noch vor ein paar Jahren als *»Humbug«* abgetan? *»Danke, liebes geistiges Team, dass ich eines Besseren belehrt wurde.«*

Mein Respekt und Ehrfurcht vor der geistigen Welt sind weiterhin sehr präsent, und ich habe auch gelernt, dass es wichtig ist, seine irdischen und medialen Grenzen zu kennen. Wir sind hier auf Erden, um unsere Erfahrungen zu machen, und sollten uns bewusst sein, dass auch wir als Mensch wachsen und uns weiterentwickeln dürfen. Die »Arbeit«, oder besser gesagt den Kontakt mit der geistigen Welt sehe ich auch als Persönlichkeitsentwicklung. Die geistige Welt kann uns dabei unterstützen, doch nimmt sie uns nicht die Aufgaben ab, die wir zu bewältigen haben.

## Gesundheitstipps aus dem Jenseits

Und weiter geht es mit einem Jenseitskontakt während einer Geistheilung.

»Früher ging ich regelmäßig zu einer Geistheilerin, mit der ich auch sehr zufrieden war, aber leider übt die Dame die Tätigkeit als Heilerin nicht mehr aus, und daher suchte ich im Internet nach einer Alternative. Da habe ich sie gefunden!«, mit diesen klaren Worten eröffnete der herzliche Mann unser Telefonat. Ferner klagte er über Bein-, Hüftgelenk- und Rückenschmerzen. Sein gesamter Körper sei seit geraumer Zeit außer Balance. Ich bot ihm zeitnah einen Termin in meiner Praxis an, den er sehr gerne annahm.

Gespannt freute er sich nun auf seine wohltuende und regenerierende Heilbehandlung, die augenblicklich begann, und legte sich genüsslich auf meine Behandlungsliege. Eine leichte Decke, sanfte sphärische Klänge im Hintergrund und ein angenehmer Duft unterstützten das angenehme Ambiente. Zu Beginn einer Heilsitzung, die für mich jedes Mal aufs Neue sehr ehrwürdig ist, danke ich Gott für meine Fähigkeit, Heilenergie durch meine Hände fließen zu lassen, und begebe mich in das **kosmische Atmen.** Wie im vorherigen Kapitel beschrieben, bitte ich die geistigen Heiler, die sich auf dem Gebiet der genannten Symptome am besten auskennen, mich während dieser Sitzung zu begleiten und mir, wenn nötig, Botschaften zu übermitteln, die für den Heilungsprozess meines Patienten bedeutsam sein können. Anschließend lasse ich die empfangene Heilenergie aus der reinen und göttlichen Quelle, von meinem **Scheitelchakra,** durch meinen Körper über meine Hände in den Körper meines Patienten fließen, so auch in dieser Sitzung. Es war eine sanfte und lichtvolle Heilenergie, die ich weitergeben durfte.

## Unerwartete Hilfe aus dem Jenseits für mich und meinen Patienten

Überraschenderweise und übergangslos wurde ich plötzlich nicht nur mit intensivem Tabakgeruch in meinem leicht veränderten Bewusstseinszustand, der **Trance,** konfrontiert, sondern auch mit einer sehr selbstbewussten, männlichen Persönlichkeit. Leicht irritiert bat ich die Person vor meinem inneren Auge, näher zu treten, damit ich sie auch mit inneren Bildern erkennen konnte. Ein charismatischer und stilvoll gekleideter Mann kam näher und schenkte mir sein charmantes, schalkhaftes Lächeln. Eigentlich beschreibe ich ja meine Eindrücke meinen Klienten, doch dieser Kontakt war eindeutig für mich selbst bestimmt! *»Na klar«, kam mir der Impuls, das ist eindeutig mein kürzlich verstorbener Patenonkel, der zu Lebzeiten ein sehr starker Kettenraucher war! Ich hatte bisher noch keinen Jenseitskontakt zu ihm.*

Still fragte ich ihn, warum er ausgerechnet jetzt in meine Heilsitzung platzte, es gäbe doch sicher passendere

Momente, wo wir miteinander in Kontakt treten könnten? Prompt kam die Antwort: »*Ulrike, dieser Mann muss dringend zur Fußreflexzonenmassage, das ist mitunter das Wichtigste, was deinem Patienten helfen kann.*« Ich musste innerlich sehr schmunzeln, da mein Onkel zu Lebzeiten eine Praxis für Fußreflexzonenmassage in München führte und er sehr von seinem Fachwissen und seinen praktischen Tätigkeiten überzeugt war. Seine Familie, Freunde und Patienten liebten ihn für sein souveränes Auftreten, seinen Charme, seinen scharfen Humor und natürlich auch für seine heilenden Hände und die damit verbundenen Heilungserfolge.

Doch ich fragte mich: War diese Empfehlung für meinen Patienten wirklich erwähnenswert, oder spielte da vielleicht noch das ausgeprägte »Ego« meines Onkels eine Rolle? Ich fragte ihn dazu noch einmal eindringlich, und er wiederholte deutlich, dass der Mann auf meiner Liege wöchentlich zur Fußreflexzonenmassage gehen sollte. Daraufhin bedankte ich mich sehr bei dem Bruder meines Vaters und blieb noch einige Minuten verbunden in der, auch für mich, wohltuenden Heilenergie.

## Botschaft aus dem Jenseits: Fußreflexzonenmassage als Schlüssel zur Gesundheit

Nachdem ich meinen Patienten dezent aus seinem leichten Schlaf geholt hatte und wir uns wieder gegenübersaßen, sprach ich die Empfehlung meines Onkels aus. Er schaute mich verwundert an: »Ja genau, das ist es! Ich ging früher einmal pro Woche zur Fußreflexzonenmassage, und in dieser Zeit hatte mir nie etwas gefehlt. Dann bin ich umgezogen und habe mir bis heute noch keinen neuen Therapeuten gesucht. Vielen Dank für diesen wertvollen Tipp.« Erleichtert und frohen Mutes verabschiedete er sich von mir. »Mir geht es jetzt schon viel besser«, rief er mir auf seinem Weg, noch zurückblickend zu.

## Musikalischer Gleichklang auf Seelenebene

Als mir eine junge Frau ein Foto von einem Mann in den besten Jahren zusandte, mit dem Wunsch mit diesem in der geistigen Welt Kontakt aufzunehmen, wurde mir beim Anblick des Fotos ganz warm ums Herz. Nicht nur das, ich spürte die tiefe und innige Verbundenheit zweier sich liebender Menschen, die ich der jungen Frau zuordnete. Mein übersinnlicher Sinn Hellfühlen wurde mit Liebe, Zuneigung und Gleichklang genährt. Die besondere Betonung auf Gleichklang wird sich in den folgenden Zeilen erklären. Dennoch konnte ich wahrnehmen, dass diese Liebe auf Erden nicht offen und harmonisch gelebt wurde und die männliche Energie in der geistigen Welt auch diesbezüglich etwas zögerlich war. Diese Information bekam ich über meinen Sinn **Hellwissen**. Ich spürte von der Seele Unsicherheit und zugleich Freude darüber, mit mir zu kommunizieren, ein mir bekanntes ambivalentes Verhalten einer Seele, die ein unaufgelöstes Thema auf Erden zurückgelassen hat. Wenn zwischen zwei oder mehreren Menschen ein Thema auf Erden noch nicht geklärt, ausgesprochen oder befriedet ist, kann ein Jenseitskontakt besonders heilsam sein.

Das Foto legte ich sachte auf meinen Altar, stimmte mich auf diese lichtvolle Seele ein und fragte respektvoll, ob sie mit mir in Kontakt treten wolle. Ich wurde umgehend mit einer Fülle von Informationen und facettenreichen Bildern überrascht. Ein Virtuose in seinem Gebiet: die Musik. Er zeigte sich mir als Meister und Lehrer in seinem musikalischen Ambiente, seiner glanzvollen Welt voller Klang und musischer Schönheit. Sein Leben war einem Zupfinstrument, der Gitarre, gewidmet, er konnte seine Mitmenschen begeistern, mitreißen und Säle füllen. Wo er war, war Licht! Er galt als Vorbild seiner Studenten.

Hinter diesen lebensbejahenden, sprudelnden Bildern huschten mir aber auch glanzlose Bilder vor mein inneres Auge. Szenen von Überforderung, Erschöpfung und der Sucht nach dem berauschenden Erfolg, dem Applaus.

Und die zwischenmenschliche Liebe, fragte ich? Dieses Thema war für ihn, wie schon anfangs wahrgenommen, wohl etwas beschattet, er beugte seinen Kopf und hielt seine Hand vor sein Gesicht. Die Energie wurde schwächer und löste sich auf.

Als die junge Musikerin und Mutter von zwei Kindern etwa drei Tagen nach meinem Kontakt zu dieser Seele für diesen Jenseitskontakt zu mir kam, bestätigte sie mir meine bisher erhaltenen Informationen. Meiner Klientin war es wichtig, das Thema Liebe in Bezug auf diesen Mann noch etwas genauer zu beleuchten, und ich nahm sie mit in meinen heiligen Raum, um noch einmal mit dieser Seele in Kontakt zu treten. Ja, er wollte, wenn auch etwas vorsichtig, nochmals die Chance nutzen, um zu kommunizieren. Der, wie ich ihn schon wahrgenommen hatte, etwas schamhafte, jedoch herzlich zugewandte Mann aus der geistigen Welt erklärte die Fragen meiner Klientin, explizit sein damaliges manchmal unerklärliches Verhalten in der beflügelnden und geheimnisvollen Liebesbeziehung mit seiner mir gegenübersitzenden ehemaligen Schülerin. Eine Beziehung, die im Gleichklang schien. Er zeigte seine Bewunderung für ihre Begabung, den Gleichklang beim Musizieren, weckte über Bilder die Erinnerung an gemeinsame Spaziergänge in Wäldern und ihre intensive Liebes- und Herzensverbundenheit, für die er sich zu Lebzeiten nicht entscheiden konnte.

Der Fokus auf seiner musikalischen Leidenschaft hatte Vorrang, für die er sich letztendlich aufgab. Meine Klientin erhielt viel Trost, Verständnis, Aufklärung und Bestätigung aus diesem Jenseitskontakt, da sie die heilsame Herzensverbundenheit mit ihm immer noch deutlich spürt. Für mich war es sehr berührend, zu erfahren, dass diese lichtvolle Seele nicht nur in Verbundenheit mit der jungen Mutter steht, sondern auch für ihre Töchter und die gesamte Familie. Zu der einen Tochter hatte er wohl eine besondere Zuneigung, denn sie hatte die famose Begabung seiner ehemaligen Geliebten übernommen. Die Impulse und Ratschläge, die er aus der geistigen Welt immer genau zum richtigen Zeitpunkt sendet, helfen der Musikerin sehr, ihre Aufgaben als Mutter und Leiterin einer Musikschule zu meistern.

## Raffinesse der Verstorbenen

Manchmal wird es für mich als Medium richtig knifflig. Da freue ich mich wie bei einem Puzzle über jedes Teilchen, das für das Gesamtbild wieder etwas Wertvolles beiträgt. So wie in diesem Kontakt, der vorerst ganz anders begann als gewöhnlich. Ich legte in vertrauter Vorgehensweise das Foto von einem Mann mittleren Alters auf meinem Altar. Dann zündete ich die Kerzen an und lud die Seele zu mir ein. Sofort bekam ich immer wieder die folgenden Worte übermittelt: *»Ich habe es nicht geschafft, ich habe es nicht geschafft, ich habe alles gegeben und habe es nicht geschafft.«* Deutlich zeigten sich Scham und Unsicherheit in meinen Hellsinnen. Ich spürte, dass ich mit dem Mann in Kontakt war, und so fragte ich ihn sanft, ob er mir etwas über sich erzählen möge, vielleicht erst etwas über seine Charaktereigenschaften und beruflichen Fähigkeiten. Er zeigte mir Bilder, die ich über mein inneres, drittes Auge sah. Ein Segelschiff, Segel setzen, Kurs halten, Kapitän, Schwimmen im Meer, Meditieren am Strand, Flugzeug. Dankbar nahm ich die sehr schnell aneinander gereihten Bilder wahr, war mir aber sehr unsicher, ob er überhaupt ein Boot besaß oder ob Bootfahren sein Hobby war. Er zeigte sich spontan, geduldig, emphatisch und strebsam. Menschen hielten sich gerne in seiner Nähe auf, er war ein freundlicher, geselliger Unterhalter.

Interessiert fragte ich ihn nach seiner Todesursache, und er zeigte mir einen schwarzen Tumor, den er mir auf seinen geöffneten Händen entgegenstreckte. Ich nahm zusätzlich auch eine Verdichtung in seiner Kopfgegend wahr, schwere Gedanken, die sich wie graue Schleier um seine Stirn legten, was ich jedoch noch nicht einordnen konnte. Die tiefe Liebe zu seiner zurückgelassenen Frau und seinen Kindern war deutlich und berührend. Dennoch fühlte ich auch Trauer, Scham und Schmerz, etwas Ungelöstes, und der stetig begleitende Satz: »*Ich habe es nicht geschafft*« glich einem Refrain eines melancholischen Liedes. Ich war zutiefst berührt und schrieb mir die erhaltenden Botschaften für den Termin mit seiner Frau auf. So schnell er kam, so schnell beendete er den Kontakt zu mir. Ich war zuversichtlich, dass er sich zu unserem Termin mit seiner Frau zeigen würde.

Einen Tag später kam seine liebenswerte Frau in meinen Praxisraum. »*Ich spüre, mein Mann ist schon da*«, mit diesen Worten ließ sie sich im Sessel nieder und fragte mich, ob sie etwas über ihren Mann erzählen solle. Ich sagte ihr, dass ich umgekehrt ihr lieber etwas über ihren Mann erzählen wolle. Und so ging ich in die gewohnte Beweisführung und erzählte ihr von ihrem Mann und seinem Charakter. Sie schüttelte den Kopf und sagte, nichts davon sei richtig: »*Mein Mann war das komplette Gegenteil.*« Das Einzige, was sie dazu sagen konnte, war, dass er gerne verreist sei, aber lieber in den Bergen war als am und im Wasser. »*Hm!*«, ich war sehr verwundert. Die Todesursache konnte sie zu 100 %

annehmen, und die Verdichtung um seinen Kopf herum stellte sich als Depression mit einem starken Gedankenkarussell heraus. Als ich ihr den melancholischen Refrain vorlas, war sie sehr erfasst und sagte plötzlich: »*Ja, wir sind bei meinem Mann, genau das hat er mir immer wieder in den letzten Wochen vor seinem Nachhausegehen in die geistige Welt gesagt: ,Ich habe es nicht geschafft'*.« Ich habe mir immer so gewünscht, dass er wie ein Kapitän die Segel setzt, seinen Kurs beibehält und in seine Mitte kommt, das sagte ich ihm oft. Genauso habe ich mir von ihm Offenheit und Empathie gewünscht, dass er wertfrei auf die Menschen und vor allem auf mich zugeht. Er hat mich und unsere Kinder so sehr geliebt, aber die körperliche Nähe mit mir war ihm unerträglich, das stimmt mich bis heute sehr traurig, da wir uns so sehr liebten, aber ich mich doch als Frau auch begehrt fühlen wollte. Nun nahm ich die emotional ergriffene und tapfere Frau mit in meinen heiligen Raum und stellte einen Kontakt zu ihrem Mann her, der schon geduldig auf seine Frau wartete. Es war ein ergreifendes und klärendes Gespräch zwischen den beiden sich Liebenden. Er berichtete von seiner Depression und Zwängen, seinen Blockaden das Leben und die dazugehörige Sinnlichkeit zu genießen und zu leben. Nach diesem Kontakt war die Frau sichtlich erleichtert, sie war nicht der Auslöser für die nicht gelebte körperliche Nähe, seine Krankheit stand ihm im Weg. »*Ich habe es nicht geschafft*«. Er hatte noch weitere wertvolle Botschaften für seine zwei Kinder, die er über alles geliebt hatte. Für mich war es ein sehr lehrreicher Kontakt. Die verstorbene Seele hatte sich so gezeigt, wie man sie gerne zu Lebzeiten gesehen hätte. Da ich die Botschaft »*Ich habe es nicht geschafft*« vor den Bildern erhalten hatte, hätte ich »eigentlich« kombinieren oder zumindest in Erwägung ziehen können, dass er die Bilder, die er mir zeigte, nicht leben konnte.

Für mich ist jeder Jenseitskontakt eine Lehrstunde mit der geistigen Welt. Jedes Mal, wenn ich mich mit ihr verbinde, darf ich meine Hellsinne neu und individuell einsetzen und werde mit bedingungsloser Liebe und geistigem Wissen beschenkt. Ich öffne mein Herz und vertraue, dass auf meinem spirituellen Weg noch viele Lehrstunden auf mich warten, die ich weiterhin gerne mit Euch, liebe Leser, teilen werde.

## Fragen an verstorbene Angehörige

Gerade in letzter Zeit fällt mir auf, dass vermehrt der Wunsch der Hinterbliebenen besteht, bei streitbehafteten Erbangelegenheiten und Konflikten in Herkunftsfamilien an Informationen aus der geistigen Welt zu gelangen, die zur Klärung dieser Angelegenheiten dienen sollen. Meiner Erfahrung nach geben die Verstorbenen eine Tendenz, in welche Richtung es gehen darf, sie vermitteln Impulse, die die Familie noch mal aufgreifen sollte, usw. Ich habe jedoch noch nie erlebt, dass die Heimgegangenen ein Familienmitglied als Schuldigen verurteilen und eine klare Gebrauchsanweisung für die Auflösung eines Familienstreits durchgeben. Sie erzählen mir vielleicht davon, dass sie zu Lebzeiten von einem Menschen gekränkt und verletzt worden sind und die menschlichen Gefühle wie Neid, Hass oder Missgunst spüren mussten, ganz abgesehen von anderen Leiden. Die Verstorbenen wünschen sich nichts sehnlicher als die liebevolle Vergebung zwischen den Menschen und freuen sich über jeden, der Kontakt mit der geistigen Welt, mit diesem Gedanken im Herzen, aufnimmt.

## Begleitung der geistigen Welt, Dankbarkeit und Eigenverantwortung

Uns wurde das »Menschsein« hier auf Erden geschenkt, und wir können uns nicht entziehen, die eine oder andere irdische Erfahrung zu durchleben. Einige gefallen uns mehr, andere weniger. Das Tröstende und Zuversichtliche daran ist, dass die geistige Welt uns auf unserem Weg begleitet und unterstützt. Auch wenn unsere engsten Familienangehörigen, Lebenspartner oder Freunde nicht mehr physisch um uns herum sind, sind wir auf Seelenebene mit ihnen verbunden, nicht greifbar, aber noch spürbar in unserer Dimension.

In diesem Buch gehe ich nur kurz darauf ein, wie die geistige Welt mit uns Kontakt aufnehmen kann. Erfahrungsgemäß melden sich die Heimgegangenen mit Klopfgeräuschen jeglicher Art, vertrauten Gerüchen und Stimmen, ungewöhnlichem Verhalten der Elektrizität, schnellen und huschenden Lichtern und Schatten sowie sanften Berührungen. Sogar technische Geräte werden als Mittel der Kontaktaufnahme aus dem Jenseits immer beliebter. Es können aber auch zarte und sanfte, kaum wahrnehmbare Energieveränderungen sein. Die Seelen im Jenseits sind sehr kreativ darin, uns zu zeigen, wie sehr sie mit uns verbunden sind. Da kann schon mal ein Schmetterling in einer kalten Dezembernacht um Deine Nase fliegen.

Wenn Du, lieber Leser, die manchmal sehr leisen und kaum wahrnehmbaren Annäherungsversuche Deiner

Liebsten in der geistigen Welt wahrnehmen möchtest, empfehle ich Dir, Deine fünf Sinne, Sehen, Riechen, Schmecken, Hören und Fühlen zu sensibilisieren. Übungen dazu findest Du ab Seite 99.

In meinen Seminaren lege ich großen Wert darauf, die **Sensitivität** und **Medialität** präzise zu schulen, damit die Teilnehmer lernen, mit ihrer ausgeprägten Wahrnehmung Jenseitskontakte herzustellen und Botschaften aus der geistigen Welt zu empfangen. Apropos Botschaften empfangen – hier schwingt auch gleich ein für mich sehr wichtiger Punkt mit: In unserem Leben begleitet uns unter anderem der **freie Wille**. Wir können unsere Zeit hier auf Erden mit den uns zu Verfügung stehenden Möglichkeiten individuell nach unserem Duktus gestalten. Auch wenn wir eine Botschaft aus der geistigen Welt erhalten, müssen wir dieser nicht zwangsläufig folgen. Wenn Dir ein Medium eine Botschaft übermittelt, spüre gut in Dich hinein, wie es sich für Dich anfühlt, und wäge dann ab. Folge Deinen eigenen Wünschen und Zielen, die Du Dir in deinem Leben gesetzt hast. Dein Esprit und Lebensgeist werden entsprechend unterstützt.

Ich fordere meine Klienten immer wieder auf, gut in sich zu gehen, ob die übermittelte Botschaft für sie Sinn macht. Und ich bitte darum, sie mögen nur das annehmen, was sich für sie stimmig anfühlt. Manchmal werden wir jedoch auch »direkt aufgefordert«, Umwege in unserem Leben zu gehen, die unaufhaltsam und mühsam sind und uns regelrecht aus unserer Komfortzone schleudern. Erst im Nachhinein wird uns dann bewusst, was wir auf diesem vermeintlichen Umweg lernen durften und wie es unserer persönlichen Entwicklung gedient hat. Genauso wichtig ist es, unsere Aufgabe als Mensch hier auf Erden so gut wie möglich zu meistern und Verantwortung für unser Wirken zu übernehmen. Als Erwachsener sind wir für das, was wir tun und unterlassen, verantwortlich und sind angehalten, die Konsequenzen anzunehmen. Gib Deine Verantwortung nicht an die geistige Welt ab. Du bist hier, um das Mensch-sein zu erfahren, mit allem, was dazugehört. Und wenn Du mit der geistigen Welt in Verbindung stehst – mögen es die göttlich dienenden Engel sein, die wertvoll lehrenden **aufgestiegenen Meister,** Deine Dich begleitenden Geistführer oder die allmächtige Energie von Gott, Jesus und Maria – kannst Du beruhigt in Zuversicht und Vertrauen Dein Leben zum Besten geben. Deine mitgebrachten irdischen Fähigkeiten und Talente in Kombination mit Deinem Glauben an das unendliche Universum der geistigen Welt lassen Dich in Deinem Licht strahlen.

Ich wünsche Dir von Herzen, dass Du bereit bist, die wertvollen Geschenke des Universums anzunehmen.

An dieser Stelle möchte ich allen lichtvollen Seelen in dieser- und jenseitigen Welt danken, die mir die Möglichkeit gegeben haben, diese Jenseitskontakte zu veröffentlichen.

**Absicht/Intention:** Meine Absicht, wenn ich einen Jenseitskontakt herstelle, ist folgende: *»Ich möchte jetzt einen Verstorbenen für meinen Klienten einladen, den er gekannt hat und der ihm in seiner momentanen Lebenssituation etwas mitzuteilen hat. Es möge die Seele auf uns zukommen, die für sie selbst und meinen Klienten klärend und heilsam sein wird.«* Die Absicht passe ich je nach meinem Auftrag an. Ich frage mich bei jeder Sitzung, in der ich mich mit der geistigen Welt verbinde: *»Was ist meine Intention, was möchte ich jetzt bewirken?«* Gebe auch Du, lieber Leser, wenn Du Dich mit der geistigen Welt verbinden möchtest, vorher Deine Absicht bekannt.

**Arthur Findlay College:** Ist ein anerkanntes und weltweit führendes College zur Förderung des Spiritualismus und der psychischen Wissenschaft. Auf der Website des Arthur Findlay College kannst Du die interessante Geschichte von Stansted Hall und Arthur Findlay nachlesen.

**Aufgestiegene Meister:** Aufgestiegene Meister sind Wesenheiten, die einen langen Entwicklungsweg hinter sich haben. Sie haben die Erfahrung als Mensch durchlebt, sich spirituell sehr weit entwickelt und ihre irdischen Aufgaben gelöst. Diese Wesenheiten haben nun als Lichtwesen eine höhere Dimension erreicht und möchten uns Menschen aus der geistigen Ebene, aus reiner Liebe zu uns, begleiten und fördern. Sie tragen zu unserer spirituellen und persönlichen Entwicklung bei und wünschen sich von uns Mut, Disziplin und Ehrlichkeit gegenüber uns selbst. Da sie selbst die herausfordernden Situationen in ihrem Erdendasein erlebt und erfahren haben, in denen sie uns jetzt begleiten, können sie uns großartig führen und dabei auch unsere menschlichen Gedankenmuster verstehen.

**Aura:** Auren sind Energiefelder, die alle Lebewesen, Menschen und Tiere umhüllen. Auch Pflanzen, Gegenstände und Orte besitzen eine Art von Aura. Eine Aura kann zusätzlich, als Informationsträger verstanden werden. Sie zeichnet Erfahrungen und Gefühle auf und speichert alle unsere Erlebnisse, sodass sowohl die momentane Verfassung als auch frühere Informationen aus ihr herausgelesen werden können. Alle Informationen des Lebens sind in den verschiedenen Schichten der Aura gespeichert. In der Erzählung auf Seite 36 habe ich in der Aura der jungen Dame gelesen, dieses Vorgehen wird auch als Aurareading bezeichnet.

**Beweisführung:** Ich biete Jenseitskontakte nach der bodenständigen englischen Vorgehensweise an, die ich im Arthur Findlay College gelernt habe. Da ist die Beweisführung bei der Herstellung eines Jenseitskontaktes unabdingbar. Wie kannst Du Dir sicher sein, wenn Dir ein Medium erzählt, dass Deine Großmutter gerade da ist und Dir Botschaften übermitteln möchte, dass es sich wirklich um Deine Oma handelt?! Natürlich schwingt auch bei dem Klienten ein Gefühl mit, das den Kontakt auch ohne ausführliche Beweisführung bestätigen kann. Dieses Gefühl ist mir bekannt, ich spüre einfach, dass es die Energie z. B. von meiner Mutter ist. Wenn ich jedoch einen Kontakt für meinen Klienten herstelle, versuche ich, diesen so detailliert wie möglich meinem Gegenüber zu beschreiben. Zur Beweisführung gehört beispielsweise, ob der Verstorbene zur Familie gehört oder eher in den Freundeskreis, welche Charaktereigenschaften dominieren, welche Fähigkeiten ihn auszeichnen usw. Erst wenn mein Klient genau sagen kann: »*Ja, diese Person gehört zu mir*«, gehe ich in die Kommunikation. Natürlich ist es nicht immer leicht, alles wahrzunehmen, da, wie bereits erwähnt, beide Schwingungen zunächst angeglichen werden müssen und sich manchmal Verstorbene so zeigen, wie sie sich gerne zu Lebzeiten selbst gesehen hätten. Das kann ab und zu schon sehr knifflig sein, wie Du sicherlich im spannenden Kontakt auf Seite 73 gelesen hast.

**Bewusstseinszustand:** Das Medium kommuniziert mit der geistigen Welt in einem veränderten Bewusstseinszustand. Um Botschaften empfangen zu können, ist es wichtig, diesen Raum zu geben. Daher ist es unumgänglich, die eigenen Gedanken beiseitezuschieben, sich zu leeren und sich dann in einen stillen, neutralen und wertungsfreien Modus einzuschwingen. Je entspannter das Medium ist, umso mehr erhöht sich seine Energie und Frequenz, die es benötigt, um mit der geistigen Welt Kontakt aufzunehmen.

**Demonstration:** Wenn Jenseitskontakte vor einem Publikum hergestellt werden, wird das als Demonstration bezeichnet. Dies wird unter anderem regelmäßig in England bei spirituellen Gottesdiensten praktiziert. Auch in Deutschland werden immer häufiger Demonstrationen angeboten.

**Fernheilung:** Fernheilung vollzieht sich als ein mentaler Prozess, bei dem die Person nicht physisch anwesend ist. Fernheilung wird auch als Übertragung von Heilenergie bezeichnet. Die Heilenergie kann an jedes Lebewesen ortsungebunden gesendet werden.

**Freier Wille:** Auch wenn wir Impulse aus der geistigen Welt erhalten, entscheiden wir immer noch selbst, ob wir sie annehmen oder nicht. Wir haben den freien Willen und die Fähigkeit, unseren Lebensweg nach eigenem Belieben zu gestalten, so wie es sich für uns richtig anfühlt. Manchmal wählen wir vielleicht einen anspruchsvollen Umweg, der sich im Nachhinein als ein perfekter Entwicklungsweg herausstellt. Ich bin davon überzeugt, dass unser Lebensplan im Großen und Ganzen vorherbestimmt ist. Es gibt verschiedene Ankerpunkte in unserer Laufbahn, die wir nicht umgehen können, aber den Weg davor und danach wählen wir persönlich. Wir können diese Pfade jedoch sicherlich mit einer aufrichtigen, positiven und gesunden Lebenseinstellung liebevoll gestalten.

**Geistführer:** Wer ein Geistführer sein kann, darüber gehen die Meinungen auseinander. Ich nehme wahr, dass Geistführer Engel, aufgestiegene Meister oder Krafttiere sein können. Ebenso kann uns auch ein Verstorbener aus unserer Ahnenreihe eine Zeit lang zur Seite stehen. Der Unterschied liegt darin, dass Engel, wie bisher von der Mehrheit der Menschen angenommen, nie auf Erden inkarniert waren, aufgestiegene Meister nicht mehr wiedergeboren werden und Verstorbene aus unserer Ahnenreihe wahrscheinlich wieder inkarnieren. Jede Wesenheit kann uns in der Lebenssituation begleiten, die wir gerade bewältigen, wenn wir sie darum bitten. Manche Geistführer begleiten uns schon seit der Zeit vor unserer Geburt, einige sind periodisch bei uns und wieder andere stehen uns für eine bestimmte Lebensphase zur Verfügung. Aber alle Geistführer haben einige Gemeinsamkeiten: Sie unterstützen unsere spirituelle und persönliche Entwicklung, pflegen eine persönliche Beziehung zu uns und stehen uns als Ratgeber zur Seite. Wenn uns Krafttiere begleiten, dürfen wir ihre Charaktereigenschaften, Stärken und Besonderheiten in unsere Lebensstruktur mit einbeziehen. Dadurch können wir die momentane Lebenssituation klarer durchblicken und spüren, was von uns gefordert ist und wie wir dazu beitragen können, sie gut zu bewältigen.

**Geistiges Heilen/Geistheilung:** Geistiges Heilen ist ein Geschenk Gottes und eine Naturgabe. Wahrscheinlich hat jeder Mensch, der ein tiefes und aufrichtiges Mitgefühl für Kranke und Schmerzleidende empfindet, diese Gabe mitbekommen. *»Jeder, der sich dieser Anlage bewusst ist, kann sich darin schulen und als Heiler tätig sein«* (vgl. Harry Edwards, Praxis der Geistheilung: Spirituelles Heilen verstehen und praktizieren).

**»Heiliger Begegnungsraum«/heiligen Raum:** Du kannst Dir das so vorstellen: Während meiner medialen Sitzung erhöhe ich meine Frequenz, indem ich in einen leicht veränderten Bewusstseinszustand gehe, wie auf S. 84 beschrieben. Der Verstorbene, der Kontakt zu mir aufnehmen möchte, verringert seine Frequenz, damit wir uns in einem gemeinsamen Energiefeld begegnen können. Dieses gemeinsame Energiefeld nenne ich heiligen Raum oder »Heiliger Begegnungsraum«, den sich jeder so kreieren kann, wie er sich darin wohlfühlt. Dabei kannst Du Deiner Vorstellungskraft und Fantasie freien Lauf lassen. Dein geistiges Team wird Dich dabei unterstützen, wenn Du vorher die passende Absicht aussprichst. Es kann ein gemütliches Zimmer sein, ein Platz in der Natur oder jeder andere Ort, wo immer Du Dich gut und beschützt fühlst. Wichtig dabei ist, dass Du Deinen erschaffenen Begegnungsraum über einen längeren Zeitraum konstant beibehältst, damit sich die geistige Welt und Du Dich an diesen Raum gewöhnen können. Sollte ein »Umzug« ratsam sein, sei versichert, dass Dir ein neuer Raum zur Verfügung gestellt wird. Weiter unten kannst Du lesen, in welchem heiligen Raum ich mich momentan mit den Jenseitigen treffe.

**Hellsinne:** Hellfühlen, Hellsehen, Hellhören, Hellriechen, Hellschmecken. Das **Hellwissen** ist eine Essenz aus den gesamten Hellsinnen. Hellfühlen, Hellsehen, Hellhören, Hellriechen und Hellschmecken sind verschiedene Formen der Wahrnehmung, die im Zusammenhang mit medialen Fähigkeiten stehen. Das Hellwissen bezieht sich auf ein intuitives Wissen oder Verständnis, das jenseits der normalen Sinneswahrnehmung liegt und auf eine tiefere Ebene des Bewusstseins zugreift. Es ist das Wissen, das direkt aus dem spirituellen oder universellen Bewusstsein kommt, ohne dass eine äußere Quelle oder eine logische Schlussfolgerung erkennbar ist. Diese plötzliche Informationsübermittlung aus der geistigen Welt wird oft als intuitive Eingebung oder als »Downloads« bezeichnet. Sie kann aus unserem eigenen Seelenanteil, aus unserem **höheren Selbst** oder auch von einer geistigen Präsenz kommen. Es ist ein Phänomen, das vielen Menschen bekannt ist, und es kann in verschiedenen Situationen auftreten. Oft fühlt es sich an, als ob man plötzlich »weiß«, ohne dass man darüber nachgedacht hat oder die Information auf herkömmliche Weise erlangt hat. Es ist eine Form der direkten Kommunikation mit der spirituellen oder höheren Ebene unseres Seins.

**Hellfühlen:** Mit der Fähigkeit des Hellfühlens können Energien, Gefühle und Emotionen von Wesenheiten wahrgenommen werden. Es ermöglicht dem Hellfühlenden, subtile Energien und Schwingungen zu spüren, die oft mit den Gefühlen und Emotionen von Menschen auf der Erde, sensitiven Wahrnehmungen, oder anderen Wesen im Universum, medialen Wahrnehmungen, verbunden sind. Diese Wahrnehmungen können sehr intuitiv sein und dem Hellfühlenden helfen, ein tieferes Verständnis für die Situationen und Personen um sie herum zu entwickeln. Es ist eine Form der sensitiven und medialen Wahrnehmung, die es dem Individuum ermöglicht, sich auf einer energetischen Ebene mit seiner Umgebung zu verbinden.

**Hellsehen:** »Hellsehen« wird oft missverstanden als die Fähigkeit, in die Zukunft zu schauen, aber tatsächlich bezieht es sich eher auf die Fähigkeit, Botschaften aus der geistigen Welt in Form von Bildern, Symbolen oder kurzen Filmen vor dem inneren Auge zu sehen. Es geht weniger darum, zukünftige Ereignisse zu prognostizieren, sondern vielmehr darum, Einblicke und Informationen aus einer anderen Dimension oder Ebene zu erhalten.

**Herzchakra:** Chakren werden auch als Energiefelder des menschlichen Körpers bezeichnet und von unten nach oben entlang der Wirbelsäule entlang gezählt. Das Herzchakra ist das vierte von unseren sieben Hauptchakren und strahlt in einem sanften Grün. Es befindet sich in der Brustmitte, auf

Höhe des Herzens. Ich speziell sehe das Grün noch von einem zarten Rosaton umrandet. Das Herzchakra wird auch als Verbindungsglied zwischen den unteren Chakren – zuständig für die physische Welt – und den oberen Chakren – zuständig für die energetischen Welten – gesehen. Das Herzzentrum ist eine Quelle von Harmonie und Frieden. Es ermöglicht uns nicht nur, einen positiven Einfluss auf unsere Mitmenschen auszuüben, sondern auch durch unsere Ausstrahlung harmonisch und heilend auf Menschen, Tiere und Pflanzen einzuwirken. Die Aktivierung des Herzchakras sollte für jeden Menschen eine primäre Zielsetzung sein.

**Höhere Selbst:** Unser höheres Selbst ist unser vollkommener Teil. Es repräsentiert unser ursprüngliches Wesen mit all unseren angelegten Fähigkeiten und Talenten. In jedem von uns befindet sich der göttliche Funke, über den wir Kontakt zu unserem höheren Selbst aufnehmen und mit dem wir uns liebevoll verbinden können. Dadurch verändern wir unsere Perspektive von unserem Alltag hin zu einer höheren Ebene, auf der wir die Gegebenheiten unseres Lebens betrachten können. Wenn wir mit unserem höheren Selbst in Berührung kommen, wird uns bewusst, dass eine Weisheit existiert, die viel umfassender ist als das, was wir in der irdischen Welt erleben.

**Inneres Auge:** Es wird auch als Auge der Intuition oder drittes Auge bezeichnet, da es einen erleuchteten Bewusstseinszustand symbolisiert. Wenn unser inneres Auge geöffnet ist, sind unser Körper, unsere Seele und unser Geist perfekt miteinander verbunden und ermöglichen uns das Hellsehen. Das innere Auge sitzt zwischen unseren Augenbrauen im **Stirnchakra**, unserem sechsten Energiefeld.

**Kanal/Channeling:** Beim Channeling öffnet sich das Medium für die geistige Welt und kann Botschaften erhalten. Es besteht auch die Möglichkeit, Antworten auf gestellte Fragen zu bekommen. Das Medium stellt sich als Kanal zur Verfügung.

**Kontakt/Jenseitskontakt:** Mit »Kontakt« ist die Zeitphase gemeint, in der das Medium Kontakt mit einem Verstorbenen oder einem anderen Wesen in der geistigen Welt aufgenommen hat und die Informationen in einem kontrollierten und begrenzten Zeitraum fließen. Das Medium kann in den Kontakt gehen und ihn auch wieder beenden. Vgl. auch Jenseitskontakt mit einer bestimmten Person sowie mein persönlicher »Heiliger Begegnungsraum«.

**Kosmisches Atmen:** Darunter versteht man eine energetisierende Atemtechnik, die sich hervorragend zur Vorbereitung der medialen Arbeit eignet. Sie wird zur Übung auf Seite 102 beschrieben.

**Medialität:** Medialität ist, für dieses vorgestellte Thema in diesem Buch, die Fähigkeit mit der geistigen Welt Kontakt aufzunehmen, sowie Energien, Visionen oder Botschaften aus der geistigen Ebene zu empfangen. Wie auch anschließend beschrieben gehört dazu die Kommunikation mit lichtvollen Wesen wie zum Beispiel Deinen Geistführern, hohen Meistern und Verstorbenen.

**Medium/Mediale Fähigkeiten:** Ein Medium ist Vermittler zwischen der irdischen und der geistigen Welt und kann mit seinen Hellsinnen Botschaften aus dem Jenseits empfangen und an Klienten oder die Öffentlichkeit weitergeben. Allerdings gibt es verschiedene Arten von Medien, manche haben sich auf Jenseitskontakte spezialisiert, andere begeben sich zum Beispiel gerne in tiefe Trance. Ein Medium kann sich in den verschiedensten Bereichen ausdrücken.

**Sensitivität:** Sensitivität heißt, in diesem Zusammenhang, Informationen aus dem Energiefeld einer lebenden Person wahrzunehmen. In dem Energiefeld sind alle Informationen über diese Person gespeichert. Gefühle, Erinnerungen, Erlebnisse und Zukunftsperspektiven. In der Aura einer Person zu lesen, bedarf es Deiner geschulten Hellsinne. Lese aber nie ungefragt in einer Aura!

**Spiritualismus:** Unter Spiritualismus, der im 19. Jahrhundert entstanden ist, wird eine Geisteshaltung verstanden, die annimmt, dass es nur den physischen Tod gibt. Die Aura des Verstorbenen bleibt weiterhin bestehen, und die Kommunikation mit Verstorbenen steht im Mittelpunkt. Der Spiritualismus wird auch als ein Zusammenschluss religiöser Bewegungen betrachtet, der in Eng and sehr ausgeprägt ist.

**Stirnchakra:** Das Stirnchakra ist unser sechstes Chakra von unseren sieben Hauptchakren, die entlang der Wirbelsäule von unten nach oben angeordnet sind. Sie werden auch als Energiefelder des menschlichen Körpers bezeichnet. Das sechste Energiezentrum befindet sich zwischen den Augenbrauen an der Nasenwurzel und erscheint in einem tiefen Blau. Es befähigt uns zu klarem Denken und ermöglicht uns, unser inneres Wissen und unsere Hellsinne abzurufen. Hier befindet sich unser inneres bzw. drittes Auge.

**Scheitelchakra**: Unser siebtes Energiezentrum, das Scheitel-Zentrum befindet sich auf der Kopfspitze, über dem Scheitelbein am Kopf, (Fontanella) und verbindet uns mit dem höheren kosmischen Bewusstsein. Es kann sich in einem hellen, weißen Licht sowie in einem kräftigen Violett-Ton zeigen.

**Seelenanteil/Seelenaspekt:** Unsere Seele ist unsere Essenz, der unsterbliche Anteil von uns. Sie ist gefüllt mit vielen Seelenanteilen wie Liebe, Freude, Hoffnung, Kreativität, Mut, Kraft, Empathie, Hilfsbereitschaft und vielen mehr. Jeder einzelne Seelenaspekt ist einzigartig. Wir haben die Seelenaspekte ausgewählt, die wir für unsere Lebensaufgabe hier auf Mutter Erde benötigen. Alle Aspekte sind in uns vorhanden; alles darf geweckt und gelebt werden. Je mehr wir unsere Seelenaspekte leben, desto erfüllter und facettenreicher wird unser Leben sein, im Ursprung der göttlichen Quelle.

**Trance:** Es gibt verschiedene Stufen von Trance, von leichter bis tiefer Trance. In meiner medialen Arbeit bevorzuge ich die Halbtrance, da ich mich in einen Zustand der Energieerhöhung begebe und dennoch die Möglichkeit habe, meinen Klienten wahrzunehmen. Das Wort »Trance« stammt aus dem Französischen und bedeutet »hinübergehen«. Man kann es auch als einen dösenden oder schlafähnlichen Zustand beschreiben. Das Medium begibt sich also in einen passiven Entspannungszustand, und je tiefer es in Trance geht, desto mehr verändert sich sein Bewusstseinszustand. In dieser Phase ist es möglich, dass ein Geistführer, Verstorbener oder eine andere Wesenheit durch das Medium spricht oder Heilenergie überträgt. Je entspannter ein Medium ist, desto mehr begibt es sich in die Energie der geistigen Welt und kommt ihr dadurch näher.

**Übersinnliche Fähigkeiten:** Diese gehen weit über unsere fünf Sinne – Tastsinn, Sehsinn, Gehörsinn, Geruchssinn und Geschmackssinn – hinaus. Dazu gehören: Hellsehen, Hellhören, Hellfühlen, Hellriechen und Hellschmecken.

Zusätzlich gibt es viele weitere Fähigkeiten, die über die normal physikalisch erklärbaren Phänomene hinausgehen.

**Wesenheiten:** Wesenheiten sind Entitäten, die nicht in einem materiellen Körper leben. Dazu gehören Engel, Geistführer, aufgestiegene Meister, Verstorbene, Natur- und Pflanzenwesen, Krafttiere und andere.

**Jenseitskontakt mit einer bestimmten Person:** Wenn ein Klient den Wunsch hat, mit einer bestimmten Person in Kontakt zu treten, lasse ich mir gerne vor unserer Sitzung ein Foto von diesem verstorbenen Menschen zusenden. Ich lege das Foto dann einige Tage vor dem vereinbarten Termin auf meinen Altar und lade die Seele ein. Da ich meine Tätigkeit sehr respektvoll gegenüber der geistigen Welt ausübe und eine aufrichtige Demut vor der Schöpfung habe, bevorzuge ich diese sanfte Vorgehensweise. Ich spüre dann sehr schnell, ob diese Seele mich als Medium akzeptiert und auch zum besagten Termin erscheint. Allerdings birgt diese Vorgehensweise das Risiko, in der Aura zu lesen, anstatt einen direkten Kontakt herzustellen. Aus diesem Grund wird diese Vorgehensweise im Arthur Findlay College nicht gerne gesehen. Diese Herausforderung ist mir sehr bewusst, und ich nehme sie gerne an.

Wenn ich mich vor der Sitzung anhand eines Fotos auf diese Seele einstimme, achte ich daher sehr genau darauf, ob ich in der Aura des Menschen lese oder ob tatsächlich ein Kontakt hergestellt wird. Für mich ist der Unterschied sehr deutlich: Bei einem Jenseitskontakt spüre ich die Verbindung mit der geistigen Welt am ganzen Körper. Ein angenehmer Schauer durchströmt mich, und ich spüre die berührende und liebevolle Verbindung in meinem Herzbereich.

Beim Lesen der Aura empfinde ich mehr Distanz, obwohl ich auch körperliche Symptome, Symbole und Bilder erhalte, die mir jedoch nicht so nahe gehen. Präzises Arbeiten mit der geistigen Welt und das Wissen darüber, was gerade geschieht, sind für mich grundlegend. Meine Seminarteilnehmer ziehen mich häufig humorvoll wegen meiner ausgeprägten Struktur und unabdingbaren Präzision auf, dafür biete ich ihnen auch die erforderliche Sicherheit, indem ich ihnen genau sagen kann, was sie gerade tun und was gerade geschieht.

**Mein persönlicher »Heiliger Begegnungsraum«:** Da es in der geistigen Welt weder Zeit noch begrenzten Raum gibt, können sich Verstorbene oder die Seelen, die nicht in unserer Welt inkarniert sind, so zeigen, wie es die Menschen auf unserer Erde am besten verstehen und annehmen können. Ebenso können sich Engel auf unterschiedlichste Weise zeigen. Bevor ich einen Jenseitskontakt herstelle, versetzte ich mich in eine meditative Stimmung. Meine Energiefelder, auch Chakren genannt, sind aktiviert und belebt. Vor allem öffne ich mein Herzchakra, da ich auch mit dem Herzen sehen möchte. Es gibt verschiedene Möglichkeiten, einen

Jenseitskontakt herzustellen. Momentan bevorzuge ich es, mich in meinen zuvor erwähnten persönlichen »Heiligen Begegnungsraum« zu begeben, in dem die Verstorbenen und ich uns treffen können. Obwohl ich mich in meiner aktuellen Lebensarena auf Erden in einem verspielten, üppigen und dekorativen Ambiente sehr wohlfühle, ist es für mich immer noch verwunderlich, dass sich mir mein heiliger Begegnungsraum eher spartanisch zeigt. Weiße Stühle, eine weiße Kerze und eine eher nüchterne Atmosphäre. Sobald ich jedoch beginne, meinen imaginären Raum gemütlicher zu gestalten, zeigt sich mir sofort wieder der klare und neutrale Raum, und meine detailverliebte Vorstellungskraft wird sofort ausgebremst. Mit Sicherheit hält mein geistiges Team diese Atmosphäre für mich für geeigneter, damit ich mich nicht zu sehr im Detail verliere und mich auf das Wesentliche konzentrieren kann.

Während der Sitzung nehme ich gerne meine Klienten mit an meiner heiligen Ort der Begegnung. Auf einer Seite sitzen wir, und auf der anderen Seite stehen weitere Stühle, damit sich die Seelen aus der geistigen Welt zu uns »setzen« können. Wenn eine Seele auf uns zukommt, nehme ich schnell markante Merkmale wahr. Ich achte darauf, wie die Person im Jenseits auf mich zu kommt und wie sie sich mir zeigt. Ich nehme den Gang wahr, ob er aufgerichtet, leicht und beschwingt ist oder eher beschwerlich und gebeugt. Vielleicht benötigte der Verstorbene am Ende seiner Lebenszeit Krücken oder hatte eine Auffälligkeit in seinem Erscheinungsbild. Entscheidend ist auch, in welcher Kleidung sich der Kontakt mir zeigt – in Festtagskleidung, Berufskleidung oder leger im Wohlfühldress. Das lässt schon einiges auf seinen Fokus im Leben schließen.

Wenn diese Seele sich dann direkt vor mir zeigt und sich auf dem Stuhl gegenüber niederlässt und mein Klient diese Person annehmen kann, gehe ich in die Kommunikation. Manchmal gesellen sich mehrere Seelen, die für meinen Klienten bestimmt sind, dazu und wir haben die ehrwürdige Gelegenheit, eine außergewöhnliche spirituelle Erfahrung zu erleben.

## Tägliche Minutenübungen, um Deine Sinne zu sensibilisieren:

Nimm Dir so oft wie möglich drei bis fünf Minuten Zeit, um in die Stille zu gehen. Das kann beispielsweise an Deinem Arbeitsplatz, während eines Spaziergangs oder bei anderen Tätigkeiten sein. In diesem Moment sage zu Dir selbst: *»Ich bin ganz bei mir«* und frage Dich: *»Wie fühle ich mich jetzt im Moment? Entspannt oder angespannt, frisch oder eher müde?«* Frage Dich dann weiter: *»Wie fühlt sich mein Körper an? Leicht oder schwer, ausgeglichen, oder zwickt es irgendwo?«* Nimm einfach nur wahr, ohne Deine Wahrnehmung zu beurteilen. Gehe nun einen Schritt weiter und frage Dich: *»Wie fühlt sich die Energie um mich herum an? Leicht oder verdichtet, angenehm, oder nimmst Du »dicke Luft« um Dich herum wahr?«* Genieße während der Übung die Stille in Dir und spüre Deinen Atem, wie er ein- und wieder ausströmt. Je freier und bewusster Du atmest, desto mehr kannst Du, lieber Leser, wahrnehmen und Energien empfangen.

Während Deiner Mahlzeiten kannst Du Dich fragen: *»Wie riecht das Essen auf meinem Teller? Nimmst Du kräftige oder sanfte Duftnoten wahr? Wie schmeckt mir das Gericht, wie fühlt es sich in meinem Mund an und welcher Geschmack dominiert? Ist es süß, sauer, scharf oder mild?«* Trainiere dabei Deinen Geschmacks- und Geruchssinn.

Wenn Du Dich in der Natur bewegst, kannst Du zum Beispiel einen Baum berühren und dabei Deinen Tast- und Gehörsinn stärken: *Wie fühlt sich die Baumrinde an, welche Töne, Geräusche nehme ich wahr?«*

Schau Dir Gegenstände und Räume zunächst genau an, versuche dann, mit geschlossenen Augen den Gegenstand oder den Raum so detailliert wie möglich zu beschreiben. Das erweitert Deinen Sehsinn.

Wenn Du Deine fünf Sinne gut definieren und beschreiben kannst, fällt es Dir viel leichter, auch die Botschaften mit Deinen Hellsinnen aus der geistigen Welt wahrzunehmen. Darüber hinaus gibt es auch noch drei weitere Sinne: die Wahrnehmung der Temperatur, der Bewegung und des Gleichgewichtes. Den oft zitierten sechsten Sinn sehe ich als Verbindungsglied zwischen uns und der geistigen Welt, als Quelle von Informationen und Impulsen, auch unsere Intuition genannt.

## Entspannungsübungen, um Deinen Bewusstseinszustand zu verändern und somit Deine Schwingung zu erhöhen:

Wenn Du in einen anderen Bewusstseinszustand gelangen möchtest, um Deine Schwingung zu erhöhen, klappt das am besten mit einer kleinen Meditation. Für mich ist eine Meditation eine Einstimmung zu mir selbst. »Ich besuche mich und bin mir ganz nah.« Dieses Ankommen bei mir unterstütze ich zum Beispiel mit einem ruhigen Blick in eine Kerzenflamme. Je entspannter Du bist, umso mehr kannst Du Impulse aus der geistigen Welt wahrnehmen und empfangen. Eine weitere Idee ist die, dass Du Dir mit geschlossenen Augen ein Gewässer vorstellst, einen See oder ein Meer. Beobachte nun mit Deinem inneren Auge die Wasseroberfläche! Ist sie unruhig und stürmisch, so bist auch Du in einem aufgewühlten Zustand. Ist Deine Wasseroberfläche ruhig, sanft und glasklar, sodass Du sogar auf den See- oder Meeresuntergrund sehen kannst, bist Du schon in einem entspannten und meditativen Gleichgewicht.

Falls Dein Gewässer unruhiger Natur ist, bleibe nun so lange in der Beobachtung Deiner Wasseroberfläche, bis sie sich so klar zeigt, dass sich Sterne darin spiegeln könnten. Dazu kann Dir Dein Atem behilflich sein. Stelle Dir mit jedem Atemzug vor, wie sich das Wasser immer mehr und mehr beruhigt und eine klarere Farbe annimmt. Lasse Deinen Atem das Gewässer beruhigen. Nur auf einer ruhigen Wasseroberfläche spiegeln sich Mond und Sterne des Universums – nur ein ruhiger Geist kann Botschaften aus dem Jenseits empfangen. Ich praktiziere gerne diese Übung, die ich vor langer Zeit in einer Spirit-Lektüre oder einer geführten Meditation aufgeschnappt habe, um mich, wenn es mal schnell gehen muss, auf eine Sitzung vorzubereiten. Du siehst, Du kannst in wenigen Minuten Deine Schwingung erhöhen und bist gut vorbereitet, mit der geistigen Welt in Kontakt zu treten. Wenn Du Dir Deiner Absicht auch noch bewusst bist und sie klar an die geistige Welt weitergibst, bist Du auf dem besten Weg, magische Dinge zu erleben.

## Kosmisches Atmen, Atemübung, um Dich auf die geistige Welt einzustimmen:

Diese Übung ist sehr zu empfehlen, um Deine geistige Entwicklung zu fördern und zusätzlich Deine inneren Kräfte zu wecken, die Deinen Körper gesund erhalten. In dieser Atemübung wird das Einatmen zu einem sehr bewussten Vorgang, um die Wirkkraft der kosmischen Kräfte zu steigern, die Deine körperlichen Reserven füllen werden. Wir sind umgeben von heilsamen, belebenden und kosmischen Kräften, die unserem gesundheitlichen Gleichgewicht dienen. Wir dürfen sie für unser Wohlergehen nutzen. Für das kosmische Atmen ist es wichtig, dass Du körperlich und geistig völlig entspannt bist. Vielleicht praktizierst Du vorher eine Entspannungsübung! Wenn Du Dir ganz nahe bist, in friedlicher und sanftmütiger Stimmung, werde Dir Deiner Atmung bewusst. Atme ruhig und behutsam durch die Nase ein, lasse Deine Lungen sich füllen, lasse das Blut einen Moment Sauerstoff und Kraft aufnehmen und atme dann die verbrauchte Luft ebenso langsam wieder aus. Stelle Dir vor, dass Du beim Einatmen mehr als nur Luft in Dich aufnimmst, vertraue darauf, dass innere Stärke, Lebens- und Heilenergie in Dich eindringen, die Deinen Körper reinigen und aktivieren. Atme wieder aus in dem Bewusstsein, dass

Du alles Verbrauchte und Schädliche ausscheidest. Diese wunderbare Übung »Kosmisches Atmen« habe ich aus dem Buch von Harry Edwards, Praxis der Geistheilung, Spirituelles Heilen verstehen und praktizieren. Verlag Andreas Mächler, 4. Auflage 2014.

Mit diesen drei vorgestellten Übungen kannst Du Deinen Körper, Deinen Geist und Deine Seele hervorragend für Deine spirituelle Arbeit vorbereiten.

Viel Freude mit Deinem Spirit und Deinem geistigen Team!

# ÜBER DIE AUTORIN

Ulrike Eschbaumer wurde 1966 in München geboren und lebt seit 1995 am Bodensee. In ihrer liebevollen Partnerschaft und ihrer innigen Verbundenheit zu ihren zwei erwachsenen Söhnen schätzt sie sich sehr glücklich. Ihre medialen Fähigkeiten wurden nach dem plötzlichen Tod ihres Vaters im Jahr 1999 deutlich sichtbar. Seit 2007 schult und verfeinert sie regelmäßig ihre Gabe am Arthur Findlay College in Stansted (UK). Neben ihrer Fähigkeit, beweisführende Jenseitskontakte herzustellen, arbeitet sie als Geistheilerin, mediale Beraterin und Heilpraktikerin für Psychotherapie in ihrer eigenen Praxis. Regelmäßig bietet sie mediale Seminare und Spirit-Zirkel an, die durch ihre liebevolle, wertschätzende und fröhliche Art jedes Mal eine Wohltat für die Seelen der Teilnehmer sind. Ihren Spirit nährt sie in ihrem wildromantischen Garten, begleitet von den Naturgeistern, und in ihrem Atelier, in dem sie ihre Liebe zur Malerei auf die Leinwände zaubert.

Wenn Dich meine Worte inspiriert haben und Du daran interessiert bist, mich persönlich kennenzulernen, findest Du auf meiner Website www.medium-am-bodensee.de Möglichkeiten, wie Du selbst in das Thema einsteigen oder Deine eigenen Erfahrungen vertiefen kannst. Vielleicht möchtest Du in einer Einzelsitzung einen Jenseitskontakt, eine mediale Beratung oder eine wohltuende Heilsitzung bei mir genießen? Vielleicht spielst Du auch mit dem Gedanken, Deine eigenen übersinnlichen Wahrnehmungen zu sensibilisieren und mit meiner kompetenten Begleitung in kleinen Gruppen in wunderschöner Umgebung Deine medialen Fähigketen zu schulen, die Du direkt in Deinen Alltag oder in Den berufliches Umfeld integrieren kannst. Du findest sicherlich das passende Angebot, das für Dich in Deiner momentanen Lebenssituation und für Deine Entwicklung hier auf Erden am wertvollsten ist.

In diesem Sinne wünsche ich Dir einen gesegneten und lichtvollen Weg, umgeben von Deinen göttlichen Begleitern, die Dir behilflich sein mögen, Dein gesamtes Potenzial in Liebe zu leben.

Von Herzen,
Ulrike